爾然小品

釋繼程 著
鄧博仁 攝影

自序

爾來靜默　言斷心戚
然若無說　何以表顯
小敘淺述　清淡流露
品味細思　義盡韻餘

序　爾然小品

己丑閏五月初九日台返馬
太平繼程并題

CONTENTS

第四輯——吾心小品

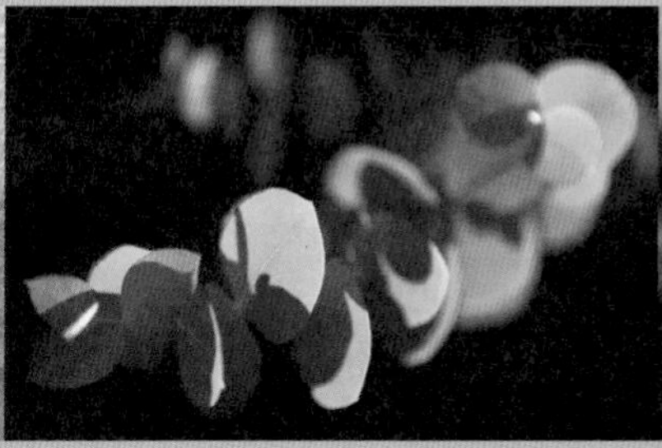

第五輯——法爾本然

第六輯——淡思四帖

第七輯——茶禪四味

第一輯

心心相印

有情心

有情的心，仍然是一大片的「神祕地帶」。實際上，整個宇宙的祕密，都在有情心中，而有情內心最深的那一點，就是宇宙的實相了。

因此欲探索宇宙祕密與眞相者，並不能從外在的無情世間而得知。縱然最先進的物理學在研究，並已探知宇宙的某一個起點，是始自於一個爆炸，且已知道宇宙的運轉是由各種力運作而產生，但這種種的力的根源來自何處呢？

這就必須往有情的心去探索了。一個人若能使他覺知的作用，運用及經過一些適當的方法，加以鍛鍊，而能漸漸深入意識或心的深處，也即是那一片不爲人知的層面，便能看到許許多多的祕密。若能深入而臻最深的那一點，整個宇宙的祕密必會揭開，而其眞相顯現。

東方聖人的智慧，即是發現到此一眞相，而他們所應用的方法，是從心去探究的。他們利用禪定的法門，不斷地往內心深處去觀察，一層一層地揭開，而終於達到了此一極點，成爲開悟的覺者，世稱爲佛。他的心便是佛心，而此佛心與有情的心並無分別，因爲佛心即是有情心，是已經過種種的方法、層層地剖析，徹底覺悟的清淨心；有情的心卻仍然蒙著重重的塵垢、污染，如此而已。

佛心、有情心，等一無差別，一者已覺悟，一者尚迷情。迷者為有情，悟者即佛陀，迷者若開悟，當下即為佛。

一九八九年十一月七日．金馬崙

宇宙心

有情心與佛心，並無本質上的差別，只是染淨、迷悟之分而已。而有情心亦即是宇宙的運轉力。有情心最極深處，即為宇宙實相，因此有情心亦爲宇宙心。

宇宙有心？是的，宇宙有心。因爲宇宙是無時無刻不在活動，無時無刻不在循著一定的法則而運轉、活動，此法則即是絕對眞理，也即是宇宙心了。

宇宙心其廣大而無邊，因爲無邊也就無中了。宇宙心其悠遠而無始，因爲無始故也無終了。因爲無有邊中，無有始終，故一切的一切，無不包含在其中，也無不隨著此法則而發生種種的作用，而有生滅的種種相。

這些作用的生滅，都在其中運作，但無論這些生滅相如何，卻總是相本身的生滅作用而已，對宇宙而言，並沒有什麼生滅、來去、增減、垢淨之作用。

有情心中即會有此等等作用，但以迷情，塵垢、污染，而不能眞正體會或覺悟到；若能撥開重重雲霧，總有見天日的時刻。

因此，有情先必須明瞭此二者是沒有差別的，但有情因種種迷情而局限於一個小小的生命體中，無法發揮，其廣而無邊中，遠而無始終的心，竟然也因此蒙蔽而失落在小小的生命軀體中，實在可惜。

但有情卻會在生命的旅程中，不斷地追求更廣、更遠的意境，而在明瞭有情心原來即是宇宙心，則追求此一至高無上的境界，便會成為有情最高的理想了。

於是有情開始往心中去探索、去開拓、去深入，漸漸地，宇宙的祕密一層層揭開，而實相顯現，有情心原來即是宇宙心。普遍、永恆，必然存在的絕對超越的心，即是有情的心，也是宇宙的心，也是佛的心。而這時，加上什麼名稱，都已是多餘的。如此而已。

一九八九年年十一月八日・金馬崙

PARIS
VILLE DES FOLIES
PARIS
VILLE DES NOCTAMBULES
PARIS
VILLE D'AMOUR
PARIS
VILLE DU MUSIC-HALL
MOULIN ROUGE CONCERT

佛心

古人常用秋月的圓滿、清涼、光明，來表徵此佛心。

佛心與有情心只有悟與迷的不同而已，而迷與悟固然是相對的兩種心理，實際上其本質並無分別；而其作用，即對一切法的認識過程，也沒有實質上的相對。只是在認知時，是應用了清淨的智慧，還是與污染相應的意識，故而成了對法的認知上，有了正確與不正確、完整與不完整、清淨與不清淨的分別，而此分別就會使能知者採用了不同的處理方法與解決之道。

正確而完整的認知，會使能知者應用清淨而全面的態度看待問題，而能包容、安忍，心也能安住而不被外在的塵緣，假相的生起與滅去所迷惑、所轉動，於是便能不受任何約束、纏縛而自在、逍遙。

不正確而片段、平面的認知，甚至連事物的實際也不能完全知悉，下的判斷自然就不全面，而有者更強執自己所見的有限，以片段的事相或理論爲唯一的眞實，因此不能容忍他人與自己的不同，於是產生強烈的排他力。若此人擁有宗教或政治上的權力，他必會排除異己，甚至應用殘暴的手段對付不同意自己看法者。宗教的侵略、政治上的侵略，都是由此錯覺，或是己非他的人所製造的。

眞理是完整的、圓滿的、絕對超越的。以一般的心態，即有著污染的有情心，當然無法完全證悟，但眞理，即宇宙的眞相，其實在有情心的知覺作用中就可以體會的，只要使心中那些有污染、沾滿塵垢的作用除去，使有情心淨化爲佛心，宇宙眞相便顯露於如圓鏡的佛心了。

一九八九年十一月九日・金馬崙

道心

由有情心轉化爲佛心，即是由含有淨染的心，淨化而爲正覺的心，這整個過程即是修行或修道。

在修道時，念念心安住在正道上，念念心不忘正法、眞理，那即是道心了。

而從有情心修正爲佛心，其過程是長遠的，因爲有情迷惑、污染已久，從無始以來，不知經過多少生死，尚在苦海中沉淪。而今一旦醒覺，回頭總不算遲。但卻也需悠久的時間，漸漸地除垢去塵，解污滌染，使佛心顯露，宇宙心作用充分發揮。

因此，道心在修道過程中，便是一股內在的催化力，悠遠地、有力地使有情心的污染，轉化、淨化。

但仍然有不少的有情，在醒覺後發起道心，修行了一段日子，卻又因個人的塵垢太厚、意志力薄弱，受不了外境的誘惑與刺激，退失修道的意念，我們稱這種發心爲「露水道心」，因爲它像露水一般，太陽一出來就消失無蹤了。

不過這也無可厚非，畢竟有情在生死大海中，流浪太久了，已忘了回家的路；縱使發現，也總是會在流浪中又忘失了。然而，只要曾經一度發現，即使再忘失，也必會再回頭的。有時候，更會數度發現，數度忘失，又再發現，才終於踏上歸途的。

一旦踏上歸途，卻不意味著必會順順利利走回家，因為那是一條崎嶇不平、充滿荊棘的道路。有的人就沿著這樣的一條小道各自走回家，有的人則為了讓更多的人也能及早發現，並易於走回去，而把道路拓寬。當然，他所花費的時間必然比前者多。而他可以選擇先回到家，再回過頭來把道路拓寬；也可以在回家的途中，就把路開大。不論怎樣，只要他走的是大道，他的心就是大道心了。

一九八九年十一月九日・金馬崙

生死心

有情在流轉時，其生命形體是由色法組成，因此是有存在的時限。在此時限結束時，必會有一突變或大變化的現象產生，但有情心並不會因此而放下生存的欲求，在形體變壞時，便又依心識另攀他緣，形成另一個由色法組成的生命形體，以使心識住於其間，繼續活動作用。

此時限即是生死現象。因此生死在有情流轉中，只是一個又一個的階段作用，此作用的發生乃由有情心與色法組成；而一階段生命形體出現時，有情即顯現其活動、造作，對此形體、對此形體所有物、對外在的塵境，都去攀染或排拒。隨著心中的欲望與厭煩的心理，不斷地製造了許多的業，使業力更驅使生死的流轉。而有情尚執著這一切爲實，執此苦爲樂，在生命存在時，愛染於它；在生命體或命根變壞時，心生恐懼，或求掙扎，不肯捨下。

長久以來，生生死死，死死生生，縱然今生已忘記了前生的一切，也不知來生將會如何，但多時以來對生的愛染執著，對死的恐懼、罣礙卻已深植心中。一旦面對生死大關時，心裡深處的這一心理作用即油然生起，無法停息，因此更備受大苦，在愛染與恐懼中度過這一個必經的流轉階段。但有情卻總是不懂得回頭看。

當有情發現這一流轉實爲大苦，便明白非徹底解決不可，起修道之心，通過修行方法才能把生死的問題解決。

修道者有鑑於此，故欲修道求生死的解脫，就必須生起懇切的生死心，即是要從生死根本去解除，因此在生命時限中，必以全心投入的態度去修行。置生死於度外，知道在生命時限中，最壞的結果便是生命的結束，而以此爲最壞打算做爲心理準備。知道在生命一結束，此生的許多外在之物，包括色身也必然得拋下了。那麼，既然修道，要出離生死大苦，而以死爲最終打算，試想，尚有什麼不可捨下的？於是萬緣具捨，只有那道心，把有情帶到彼岸去。

一九八九年十一月十日・金馬侖

慚愧心

有情無論顯現爲怎麼樣的生命型態，都有其一定的或必備的條件，而有情依此生命形體流轉生死，必然是有種種的局限。在相對的世間中，生與死之間的生命時限中，有著種種不同的際遇，種種的經驗、歷程。在此過程中，有情一方面接受以前所造作而遺留下來的業力驅使，一方面又不斷地依其顯現的生命型態所具有的條件限制下的能力，去對外塵作種種的反應，也因此而繼續地造業。

在有情的各種生命型態中，人是最好的一種。具有人身的有情，具備了其他形體的有情所沒有的特勝，但同樣的，人也因生命形體的局限，而缺少了一些其他形體的有情所具有的能力。

總之，當有情顯現為生命型態時，因條件關係而必有所局限，也即是不完整了。

但只有顯現為人身時，有情才有最活躍的心。而由此活躍的心中，其中一種作用便是知道自己不足之處；或通過比較，或通過自覺，而發現到自己的欠缺、弱點、缺點、不圓滿，此發現往往會使人覺得慚愧，慚愧心是好的。不過，有的人卻因為恥於自己的不足，缺少了一股向上追求的力量，卻又偏偏不能安心接受，往往就產生了自卑，若再因自卑而變成了卑慢，就會造作一些不應該做的事了。

實際上，慚愧心是對自己的不足與錯誤而覺得羞恥，卻同樣具有一種力求完美的上進心。它依著對眞理的嚮往，對社會道德的遵循，對自己良心的負責，向自己的缺點或不足的地方去改進，務求使它趨向完善。

人類因具有此上進的慚愧心與良知，而具備了其他有情型態所缺少的優點，也更因此而有了圓滿修道目標的條件。

身爲人的有情，怎可不珍惜這一優點？

一九八九年十一月十日・金馬崙

感恩心

生命形體的存在與持續，除了本身的業力外，還需要許多外緣的助成。因此生命的存續，是靠多元條件，沒有單一的生命形體可以各自存在於此宇宙間。縱然他獨一存在，而此宇宙內的空間與星球，不也正是這個生命生存的依靠條件嗎？

外在的種種器界，是生命存在的條件，而生命本身的精神作用也必須有物質的色法爲形體，才能發揮。

而更重要的是生命的存在，是群體的，是物以類聚的。在共同的生存條件之需要或共業下，一組在某種意義上具有共同條件，或所需要的條件有共同性的生命形體，便會集合在同一空間或時間而生存延續。

在此意義下，這群同一形體的有情或可能也與其他形體的有情是相依共存的。每一個有情的存在，除了個己的業力為因，也得助於其他共居的有情為緣，當然也包括了山河大地、花草樹木等器界的緣，才能生存。在同一意義之下，此一有情的存在，也就必然地可以因為他存在的事實，發揮他存在的力量，而助成其他有情的生存，或成為其他有情生存的助緣。

因此，每一存在的生命形體必須能看出這種生存的積極意義，對他人助成自己的存續，抱著感激、懷恩的心理，而對自己在助成他人的生存時，抱著回饋、報恩的思想。想到自己的生存與一切共同生存在同一空間、時間，或不同時空，卻依然有著連繫，在這麼一個微妙而充滿意義、息息相關的循環圈子裡，相互守望、相互依存、相互受惠報恩、相互影響對方，那是多麼富有浪漫詩意的情懷，而這卻又是宇宙的實情。

如果宇宙中的有情都對此思想深深了解、深深體會，大家都共同立下心願，爲淨化一切有情共同生存的宇宙而努力，建設一完美的淨土，做爲一切有情的家園，那有多美啊！

一九八九年十一月十一日・金馬侖

離欲心

有情心在造作，有情生命在流轉，愛染心是深細而有力的。愛染的力量使有情執著、染著，而不能從種種的約束中超脫。

有情的愛染以生命自體的愛爲最強，再依此而對外塵有著不同程度的染著，亦即多以自體的愛染爲準，對外在能引發自己喜歡的塵境，或去執求，或去奪得，或占爲己有，不能捨下。總之，是種種取有。因而在心中、在生活中，有了許多的約束、纏縛，不能自在。

而所執有的種種相、種種塵，也只不過是緣起生滅的假相而已，因此不可能永遠擁有。不是這些塵境因各種條件的離散而失去，就是生命自體的因緣散去而死亡，再也無法擁有所執求的種種事物。

然而有情卻不見此實際情況，仍然隨順著心中的愛欲，不斷地攀求，在得與失之間，苦惱地生存著。在種種得失之間，又看不透生滅的虛幻，執得爲樂，視失爲苦。然得非永恆，轉瞬間又失去；縱未失去，爲長久保有，又得費盡心思精神，換來心的不自在。但有情竟然執苦爲樂，汲汲於此得失無常幻化的追求中。

當然，會有一些有情終於在此得失之間看出了事事物物幻生幻滅的實情，於是息下愛染之心，不再做無謂的追求。但有情生命形體的存續，卻是不能沒有外在塵緣的助益，因此並不刻意去排拒這些塵境。只是看出了這一切外在的存在現象，也只不過是條件組合的顯現，包括了生命形體的作用，也未嘗不是如此。於是捨下患得患失的心情，視得失爲必然的事，得者只不過是條件具備、組合而有，失者也只不過是條件不足或離散。可得者不妨取之，若失去則能捨下，那又何來苦惱？

於是便能離去種種欲求，卻又適當地受用所需、所能得的塵境，心就能自在、超脫了。

一九八九年十一月十一日・金馬崙

廣大心

仰望無垠的虛空，觀看無邊的大海，我們會不會因為自己個體的渺小而感到自卑？或者會因此而使心胸為之一寬，覺得人實在是很偉大的？

有情因本身造作的業而局限了自己，故形體是那麼地渺小，如果與自然界的現象比較，或與天體一比，那更是無法計算的。而有情的心，會不會因形體小也隨之而狹小呢？

看起來，確是如此，縱然不是全部有情都如此，但肯定大部分是如此的。

也許有一個有趣的問題可以幫助我們思考：到底是有情心因自我封閉而狹小，導致了其形體的渺小？還是因形體渺小，使得有情心也變小了？

當然這不會有答案的，因爲這本來就無法有先後的。不過，這倒使我們想到有情心是否都依形體而運作？因爲據佛經的說法，不同層次、不同階位的菩薩，因修持的高淺，其形體報身是會有不同大小的，愈是高階位的菩薩，其報身就愈大。而佛爲度這些菩薩，也有著與他們同等的報身。

但更重要的一點，佛的法身是無相的，也無法知道其身量，因爲虛空有多大、宇宙有多大，佛的法身就是如此了。

有情心是佛心，也是宇宙心，而佛心圓滿清淨，宇宙心廣大無量。有情卻因個己所造作的業而有種種限制、污染、狹小，但這無礙於有情心的完全發揮。只要有情生起廣大心，依淨法、正法修持，不受形體的限制，只是拓寬自己的心胸，去包容、去含納，使自己的心也能如虛空一般、如宇宙無二，那有情心是宇宙心的說法就不再是理想、理論，而成爲事實。這時候，形體的大小，已不再是有情的局限了，因爲有情心量是無限的。

一九八九年十一月十二日・金馬侖

平等心

宇宙的運轉，是依著絕對、普遍、永恆的法則。而一切有情形體以及各種器界現象的出現，雖然也是依此法則的運作而有，但以有情心及各種條件的不一樣，故而有了各種不同的面貌。

就如虛空對一切存在其中的現象而言，是一樣的、平等的，但各現象本身卻因組成的因素差別而顯現了不同。這些不同是相對的世間必然的現象。因爲在相對的世間中，一切存在都是落入相對的觀念、相對的情況之中，即使是由人工製造的機械，以機械化的方法製造出來的產品，在表面上雖是相同的，但實際上卻還是有其差異之點，即使此差異是很小很小的。因爲兩件或多件所謂同樣的產品，在製造過程中，必然會因時間的前後，或空間的左右而有不同，此一些小的差異便會使產品在某方面有不同之點了。

而我們發現到，愈活躍的、愈有生命力的現象，其分別往往愈大，那些接近相同的存在，大都是器界的。在有情中，人類的靈性最高，因此人與人的差異點最大，除了少數的孿生子、多胞胎以外，很難找到兩個或多個接近相同的人，即使是孿生子、多胞胎也還是可以找到差異點的。與動物比起來，人與人之間的分別是很大的；與落後的民族比起來，先進民族中，人與人之間的差別也是較大的。當然這並不意味著什麼，只是因爲一切存在現象皆由因緣和合，並受時空限制，故我們只能看到差別的存在，或相對性的相同現象而已。

雖然如此，但這只是事相上的現象，而一切存在是依於絕對超越、永恆普遍的法則運轉的。此一法則便是絕對平等的，證此法則者便是佛心的顯現。因此佛佛道同，而一切有情心是佛心，故有情在此絕對上是平等的，但在此相對的世間，這只能從理性上去體會；在事相上，每一物與他物、每一人與他人，還是無法完全相同而平等的，但卻有相對的、有條件的平等。

因此，任何一物、任何一人，在理性上，是絕對與一切平等的；但在事相上，卻是絕對獨一無二的。明白了這點，每一物、每一人的存在價值就充分地發揮了。

一九八九年十一月十二日・金馬崙

長遠心

有情心與佛心、宇宙心，雖然平等無二、相即相是，但由有情心要完成爲佛心，卻需要轉化、淨化。此一過程即是修道。

由於有情心的污染成分，在有情生命形體的流轉中，往往因爲不斷地造業而製作了許多的循環，而此等循環又往往是愈趨向於污染的濃厚。因此生死流轉的有情，一旦醒覺到若不回頭，此一污染趨向將不可止息，而走回清淨的歸宿，這一開始便將製造另一個不同方向的循環，此一循環便是趨向清淨的。

但有情所製造的各種因果循環，大都是往污染的方向的。縱使回頭、醒覺，也製造了清淨因果循環，但相較之下，仍然是污染的成分較多。然而一旦有情眞正地體會到走向淨化的重要性與必然性，便會走向修行的道路，以期不斷地淨化、提昇，使此循環作用與力量增加，而可以淨化爲佛。

在修道過程中，往往在初期的接觸與實踐時，因爲都比較新，容易引起興趣，且一個不同方向的改變，也容易見到效果，因此修行的信念都比較濃；漸漸深入時，就會發現到此過程的平淡化了。因爲一切應知的都知了，故沒有什麼新奇的，也就沒有什麼特別了，這時候如果修道者明白此乃必經過程，耐下那顆好奇的心，依然一步一步地走著，就會走到一個光明的目的地。

就如山泉出源時，從山上流下來是急而多樣化的，但進入到平原時，便緩慢下來，而且平淡了；但水仍然必須流動，也必須經過這平原期，才能流到大海去。

修道者，最怕在平原期就失去了耐心，無法使修行堅持下去，往往就滯流了。因此，修道者必須發長遠心，在平原期更要作長遠計，經過的平原愈廣闊，積集的水量就愈大，不要怕修道過程中的平原狀況，只是抱定宗旨，把握目標，長遠地流去。

一九八九年十一月十二日・金馬崙

平常心

修道是長遠的，因此必須以長遠心的堅持，才能完成；而要長遠持續修道，這道的修行工夫，又必以平常化，才能在一切時中，時時用功。

人是有情生命形體中，靈性最高，有著種種學習、思考、向上等能力，因此人才具有修道的條件與能力。但人的心因爲過於活躍，常不易安住下來，在修道上，往往就喜新好奇，這也會造成修道上的障礙。

修道過程中的平原狀態，最忌這種心態，而必須要以平常心來用功。但平常心的應用，並不是以日常生活的種種行爲舉止、起心動念，做爲修行的工夫，應該說是把修行的工夫平常化，也即是將修行的方法、正念、行爲等引入日常生活中，提昇生活的種種行爲的境界。如此方能在一切時、一切處，皆與修道生活相應，或時時處處安住於道中。

然而，卻有一些人以爲平常心是道，就是日常生活中的妄念、邪行等等也是修道，以這些習氣來拉低修道的工夫；甚至用功修行時，也讓這些習氣污染修道的心，使道心無法提昇、淨化，還美其名爲道在日常生活中，卻不知是在原地踏步，或向後操步。

當修道者的道心時時在生活中流露，即使在繁忙的活動中，或囂鬧的環境裡，他總是安住於道心，應用敏銳的反應力，對周遭的一切作出適度的回應，以能在種種變化的事相中，見到絕對永恆的眞理，心住於此中，寂靜不動。

有人以爲寂靜不動便如槁木死灰般，其實正是因爲寂靜而境界更深邃、力量更充實、反應更敏銳、判斷更適中，這才是眞正的智慧。而這必須成爲平常生活中的應用，才能使修道生活不成爲平常生活以外的另一截，二者統一，修道心成爲生活中的心念舉止，融合一體，這才是眞正的「平常心是道，道在日常生活中」。

一九八九年十一月十二日・金馬崙

慧心

是非、善惡、好壞、對錯、眞僞、淨染、白黑、正邪……，這些都是世間上相對立的兩種價值判斷。是人，都應該懂得它們的意義，但如何辨別、如何判斷，就需要有慧力了。

然而懂得分辨出兩者的相對，並知道依世間普遍的道德觀念，何者爲應行、何者爲不應行後，能夠去實施者，才算是具備了世間的智慧。很多人並非不知，卻是知而不行。此不行者，可能是無力，即心有餘力不足也；也有一些是不爲，可能還有某些因素，或不爲人知的苦衷吧！

一個懂得並已多分去實行道德觀念者，就有情步向成佛的道路及意義而言，這是一個開始，就是在製造一個向上、向於圓滿的循環。而這個開始，就是有情心中的智慧，在重重污垢中，顯露其慧光自覺之行。有情而能袪除污染，淨化成佛，此一智慧心，乃是決定性的因素。

然而這一千里之行的起步，必須永遠地持續，進而發展、提昇。

從道德觀念的建立而成爲一個步向善道的有情，還是必須明瞭善法的標準，在世間法中依然是相對的，因仍局限於時空環境與人群社會的因素。因此，世間的善法只是普遍被認可而已，不是絕對的善。

絕對眞理是超越時間而永恆存在，超越一切而必然存在。這也即是宇宙運轉的理則法性，唯有證悟了此一眞理，才是絕對超越的。然而在超越之前，必須具有超越的能力與條件，而道德行爲即是此一基礎的重鎮。愈是行爲善良的人，愈能趨向眞理，但基礎只是基礎，必須依之向上建設，才能完成；趨向也只是趨向，必須使其可能實現，才是圓滿。

因此，我們不能不要基礎而建高樓，也不能只有基礎而沒有高樓；我們不能沒有趨向而達到目標，也不能有趨向而沒有實現，這是貫通的，前後、上下相應的。這才是完整、圓滿的過程。

而智慧正是貫串這整個過程的中心。

一九八九年十一月十三日・金馬崙

禪心

從絕對眞理看，一切的一切都是平等的，宇宙、佛、有情、器界、平等平等。然從相對的世間看，一切的存在，甚至小至極微塵，短而刹那，都是獨一無二。

理性上的平等、事相上的差別，並不是兩回事，雖然有情一直將二者分為兩截，不是在此端便是在彼端，似乎遙不可及的；實際上此理事是一體而無礙，只是有情的局限與污染，使有情心失落了圓通此二者的覺知智慧，而使完整的一體成為片段的、平面的，乃

至支離破碎。而有情仍執其所知所見爲實、爲圓，故而無法融通，總是在兩端中或偏此或偏彼。一旦從智慧的自覺中，明白到有情心即佛心，從而發願起行，從理論的知解中，化爲行動的實踐；從行動的實踐中，去印證理論的正確性、可行性；從知易行難而深入，漸漸發現到圓滿法性的認知，是需要眞正深邃的睿智才能體見；而知難行易，再進而兩者合一，融爲一體，知與行、行與知已不是且不能分開，心能出入其間而無礙、自在。

時間有過去、未來的相對二相，空間有兩邊與中間的相對兩端，故非圓滿。然而絕對法性中，一切相對的本性是平等的、圓滿的。但有情的生活卻必落在相對的時空中，若此相對現象並非圓滿，有情追求事相的本性才圓滿。當有情生活在相對中，如何證得圓滿法性？證得圓滿法性後，又如何在相對中生活？

時間的過去、未來二相是相對的、假立的，空間的邊、中、兩端是相對的、假立的。在宇宙中，時間何時始、何時終，空間何處邊、何處中，這根本就是無從得知的，因爲宇宙是一個整體，有情卻解剖了才去認識。若通過適當的方法，即中道之行，完整、徹底地覺悟了絕對的平等與相對的差別爲一整體，那麼開悟者的境界便是：無論他在何處，他站的那一點即是宇宙的中心；無論他在何時，他所處的那一剎那便是永恆。一切都是圓滿、完整地呈現在心中，空靈一片，了了分明，活潑靈敏，樸素無華，單純寂靜，平淡充實，動靜一如，任運自然，逍遙灑脫，自在無礙，無住生心。

而偉大的中國人稱之爲：禪！

一九八九年十一月十三日・第一屆加行靜七期間於金馬侖三寶萬佛寺

第二輯

觀心法門

觀止

禪修法門，粗到細、淺至深，有其程序與系統，這是一般禪定方法的指導。基本上，此禪定法門之秩序及系統，不論是以何種思想入門，都有一定的共同點，尤其是初機的部分。

初修禪定或止觀法門者，皆需調和身姿及呼吸，而應用呼吸的「觀」和「數」做爲調心法者，頗爲一般，亦爲觀呼吸法之應用，如以數數呼吸則爲數息觀，如隨呼吸而凝住心念則爲隨息。這些方法皆具體而實用，尤其對散心者或妄念多者，是爲止心之良方也。

當心調得愈細愈深，具體而易明白、易受持的情況便會漸漸地改變。心念愈細則愈不易捉摸，此時用粗念的數息乃至隨息已不能調心。若息細至難以專注，可提「息門」（即息之進出處）安止心念而凝住，但此時專注的一點便頗有「抽象」之感，或只能是感覺上有，而具體上不易說明爲何處。

一般息調至細而不易覺察時，調心工夫應已從外塵、粗的根身感覺等脫落，而只於較細的心念在剎那生滅中去凝住，故若說心所止之點爲身上的某一部位，實不易指得出是哪一處？因此，只需凝住而使心安止，漸漸地安住而穩定、等持、深細。

方法用至此而不知再接下去用功者，皆因此時其心念不再有具體可攀之緣以凝集。剛抵此境界時，會有空虛、無奈之感，故往往

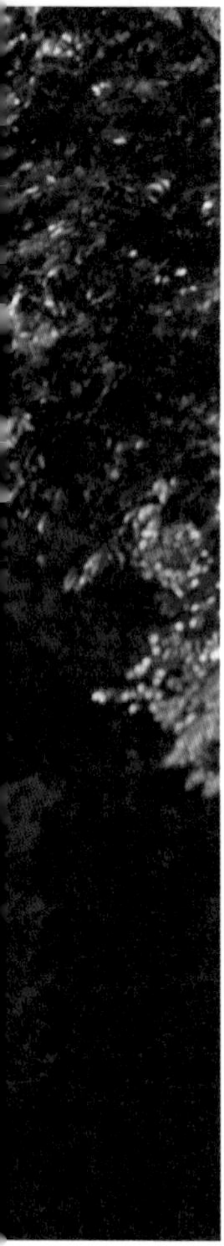

會再動粗念而回到數息、隨息之有緣可攀的工夫上。但工夫已上路者則會繼續上下進出地來回，漸漸地心也可以凝止了。而因工夫已穩定則充實之感漸強，定力加深，心念止而清晰；若能安住持續，進入深定亦非難事。但至此仍爲止或定的工夫；若止於此而觀慧未發，尚非佛法禪修的目的，還需再進一步！

觀想

要通過修止或定的方法而達到止靜或定的境界，還是需要有觀照的作用的，但在修定的過程中，觀照的作用是重於警覺的，即是對應用的方法有觀照的工夫，如此才能使所修的定境成爲可能。

而禪修法門若僅止於此，那只是半途，或只能說是部分工夫的完成而已。畢竟佛法的修行，定的成就並不是目標而只是過程，或者是工具，依此再起觀想，才能完成佛法修行目標，也即是智慧的照見。

修止或定而達到了能觀的心等持、專注、細住時，便依此能觀的心提起觀想，或直觀佛法中的義理，依循著一定的理路，讓觀照的心漸漸對所觀的道理有明確的認知，並更深細地從觀想中，解開不明白的地方，突破思惟上的局限，使所觀的理漸漸完整、透徹，從了解而漸漸轉化爲體會、觸證。

一旦觀想成功，便對此所觀之理，不再是所觀的或外在的理，而已成爲能觀作用的內容，也即是融入了觀心而成爲生命中的智慧。如此則親證法的理性，並依此智慧而透視一切存在的實相，見一切智爲虛妄，皆爲無常、無我，空無自性。當對一切的執著、愛染，皆能放下、無住，身心有脫落的感覺，不再有任何的罣礙，便能遠離顛倒夢想，而從苦中超脫。

從無常、無我的照見中，亦知一切法本無生，常自寂滅。一切現有皆依空而立，因緣生、因緣滅，故一切現象皆爲假相，虛幻不實，但其因緣具足而現行，觸之而感覺眞實。明見於此而安住於無生法中，依緣而生種種心，去了別、去認識而生活，於此中卻無住於此緣生緣滅之相，故安住於空性卻依緣生心，心雖生而無住……。

觀念

平時我們也會知道自己的念頭轉得快又很多，但這種知道都是比較表層的，或比較粗而容易覺察的念頭，才會發現到。當我們有機會修學止觀的方法，將心攝回而能返觀內心，此時就會更清楚地看到許許多多的念頭在轉動了。

這些念頭，有善念，也有惡念，有我們要想的，也有我們不要想的。念頭的起伏生滅，多而雜、快而亂，有時眞不是我們所想像的，或者我們還以爲不會出現的狀況。但這些妄念在轉動時，確實是如此的。

初學靜坐法門者，常會被嚇到，以爲自己學了靜坐法門，妄念竟然無減而增。其實並不是如此，沒修以前妄念一樣多或更多，但未將心調好、攝回，無從覺察；縱使覺察也是粗淺的，不那麼清楚，也就不在意了。學了靜坐，在某種程度上是切斷了一些外塵，故有更強的內省作用，且有提起觀照工夫，才能清楚地見到這些妄念。

在修持過程中，這是進步，也應該是好的，不過如果不明就理，可能會被嚇壞而不敢再學了。只要我們知道上述的道理，不去理會這些妄念，也盡量地不受其干擾，只是專注地注意用功的方法，使觀照的作用集中於方法上，便會漸漸地減去這些妄念的干擾

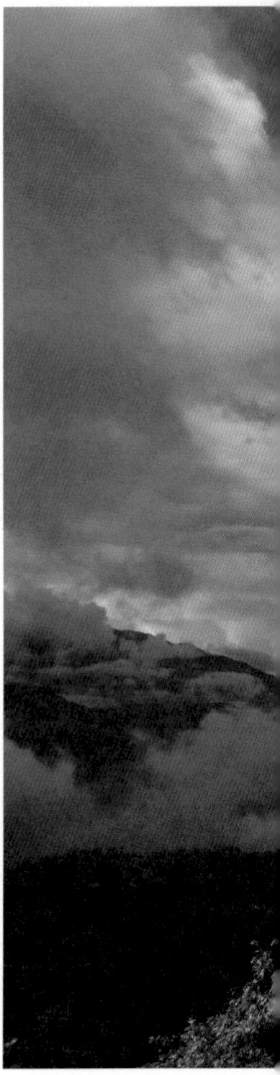

了；而心調得好、方法用得上的話，心也會漸漸地調細了。

但妄念群還是在的，且不只一層，有很多不同層次的妄念群都在蠕動著。我們修禪就要一層一層地深入，使妄念一層一層地脫落，最終達到清淨眞如顯現作用，而能如實照見一切，如實觀而如實行中道。

因此，妄念的見到並不是問題，只要懂得正確的方法、觀念及過程，觀念其實也是修禪的方法呢！

觀心

心漸漸地往下沉，較粗的念頭閃過便消失了，較細的念頭仍然在浮游著，似見而不清晰，且還形成干擾。

念頭刹那生滅，前念滅而後念生，間中似有似無關聯，卻生滅連著生滅，若去貫串，便可連成一串有連續的念頭而能產生認識、概念或感受等作用；若不連串，則念念生滅，念念自有其生滅因緣。

若不刻意引動此念頭的方向或組織，念頭亦有其轉動生滅的方向與組織，此即前念推向後念，而有機的形成；若刻意去動其念，有時可依意願而轉，有時則其他念的力量重於所欲念的方向，不能如意欲去想。

能觀的心若漸漸沉下、穩定、專一，只提起此觀照之心，隨著念頭自然的生滅及方向，清楚照見，明明白白，而能觀之心如如不動，便能更深地沉入。而不同深度的微細念頭，也逃不過照見之觀心。妄念與善念皆是念，皆為生滅之相，皆有其各別因緣而生滅，故皆為虛幻。不執染於善念，亦不排拒妄念，只是任其生滅，卻不隨之而轉，亦不引之而動，因緣具而生，因緣散而滅，其生與滅皆非本性，而是現象。現象生滅之可能，依本性而有，本性即為不生不滅之空性。

見此生滅之現象爲因緣而有，知生滅之本性爲空，故不執著生滅之相；而本性之空寂亦無執著之處，故離一切相亦不執有空性。見妄念如此，見善念亦如此，既見所觀之念如此，能觀之心又有何存在之實？所觀之念固爲緣生緣滅，能觀之心亦爲緣生緣滅之作用，其本性亦爲空。所觀之念空，能觀之心亦空，能觀所觀原非二者，離相對之二用，明見於此，能觀所觀皆空，無有自性。一切分別、相對之相泯滅，諸法實相朗朗照見。言語道斷，心行處滅，於是安於法性，隨著因緣，自在生活……。

第三輯

禪修隨筆

念佛

「阿彌陀佛一、阿彌陀佛二、阿彌陀佛三……阿彌陀佛十、阿彌陀佛……。」

這也是用功的方法。數念佛號，數的作用不在數目的多少，而是在於提起警覺：我在念佛。

平常教人念佛者，多以數量爲重，如念佛多少次，或一日要念幾千或幾萬聲佛號，因此念佛時便重視量而往往忽略了念佛的質。結果是散心念佛，成爲慣性的、機械化的念佛，套一句詩就是：佛

號與妄念齊飛。

如此念佛法，不能說無效用，但其作用必然有限，尤其是成爲慣性後，就變成是「無機體」了，產生的作用只是機械化的。

而實際上，不論念佛或菩薩聖號，都是爲了調心，並使心專注於佛號等修持，此一方面可以修定，一方面可以維持正念，不讓妄念及雜念干擾我們的心，觸境處事時，才不會被煩惱習氣牽著走，此與修慧才能漸漸相應。因此，若念佛只停留在散心念，且還與妄念齊行，那這個法門就失去了其調心、持正念的作用了。

這是念佛者應知道的，若依念佛方法而求生他方淨土者，更須專心念而使念佛能到一心不亂之境界，否則臨終時，正念不能持續，佛號提不起來，種種雜念、顚倒妄想皆生起，那如何與佛相應而蒙佛接引呢？修淨土法門者，千萬不可輕視此專心、一心念佛的必須性。

通過數的方法，念念佛號皆起警覺，不在其數量之多，而有念念分明，漸漸地佛號愈念愈清楚，心念也愈來愈穩定而深細，此時數字已成粗念，放下此數字，佛號便綿綿密密，工夫成片，淨念相續。這時求不求生淨土，都不是問題了，因爲淨念在心中，心中已有淨土，求生則必蒙佛接引，不求生則當下即淨土。淨土法門之殊勝在此矣！

禮拜

立直、合掌，眼神專注於中指。「叮」，慢慢地拜下，心裡不念佛、不想法，只是專注在拜佛的每一個動作。慢慢地，順暢的動作，當頭額抵在地板上，也只是專注。「叮」，慢慢地翻掌，頭抬起，身體也慢慢地起來，仍然是專注動作，立直後，專注力還是保持著。

禮拜是宗教儀式，是修持方法，但如果只是形式的禮拜，或者數量多的動作，那其做爲專精修持的功能是不夠的。如果我們把禮拜也納入修持法門之內，就得從形式及淺薄的意義中提昇。

禮佛與菩薩，也不都是爲了祈求佛菩薩的感應與加持。那是他力的方法，在學佛修持中，只是初機或根器較淺者才強調的。

如果我們虔誠地禮敬諸佛菩薩，只是出自一片誠心，對佛菩薩的圓滿功德，表示無限的敬佩；對佛菩薩廣度眾生的悲願與行持，表達崇高的敬意；對佛菩薩積極弘法利生而使我們得聞正法，流露無盡的感恩。而從佛菩薩的種種德行中，再建立自己學佛的模範，發願去學佛菩薩的大願大行。

如此禮佛者，就是從他力而轉化爲自力，且以信願法門爲主，提昇自己的宗教情操，在修行的道路上，堅定自己的信心，確立自己的願行。

而如果要從內心更深處去提昇，就必須在堅定信心、確立願行後，付諸實行，其中以定慧法門爲深入廣化的根本力量，故須修止觀法門，使信願之行持能提昇和超越。止觀法門亦有禮拜之法，但以專注動作、覺照過程而明見實相爲主。

照樣是禮佛，無願無求，只是通過專注起觀照，而使能觀之心念念分明，從見禮佛動作而見念頭，從不明轉爲明；禮拜過後，內心是清清朗朗、明明白白的，那就是定慧的法門了。

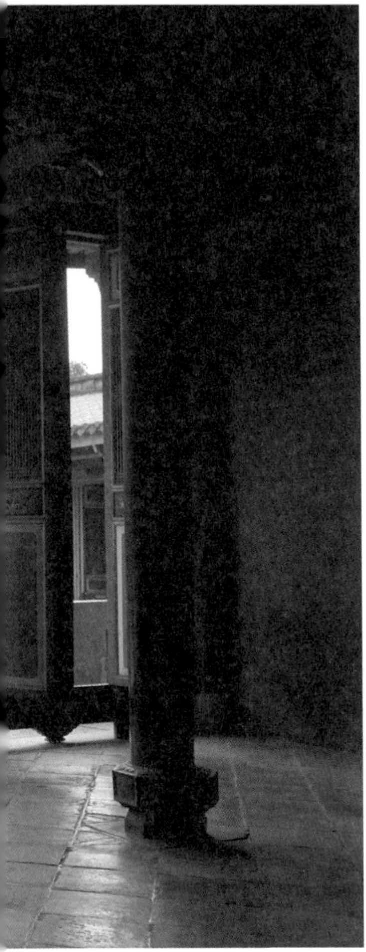

出靜

「叮！」引磬聲劃破寂靜，通知在止靜的禪眾出靜的時間到了，此時若有意出靜者，便得將繫緣於數息或其他觀法的心念轉到身體；然後做兩、三次深呼吸，以疏通正在調著用功的鼻息；接著便是輕輕搖動身體，做全身按摩運動。

一個入靜調得好的人，從粗到細，由動到靜；出靜時則從細調回粗，從靜回到動。若出靜時調得不好，則出靜後身體會不舒服，內心也會浮動或不安。因此，調出靜的工夫也是很重要的，只是很

多禪修的人不重視，或教禪的人也不懂。

出靜時，止靜用功的心其實並不讓它散去，只是所繫的緣，從鼻息出入門到全身。在按摩時，把注意力放在手掌心，雙掌磨擦時，注意力不散；用手掌按摩全身時，注意力也依然保持。只是從靜態轉到動態而已，心仍然是安止的。

出靜工夫調得好，專注力未散，在做體操或運動時，專注力仍在，注意各個動作，也還是在動中調心。如果這也調得好，下一支香上座時，調心工夫就可以從前一支香延續下來，要把工夫用得好，就比較容易了。

禪修的工夫不只是在止靜的用功，雖然工夫要深入應有靜坐方法，但能在靜中用功，也能在動中用功，工夫才能相續，才能成片。對眞正禪修者而言，這才是眞工夫。而且此工夫的應用，包含了觀照的作用，在動中用功，尤其需要提起更高的覺照工夫，否則很快就會被外塵拉走。而更高的觀照力若能提得起，靜中、動中皆能發揮功用，漸漸地就可以轉化，提昇爲智慧，觀照外在亦觀照內心，觀照粗亦觀照細，能達到如實觀照則慧便生起。修禪就是要證得此慧，而覺照工夫正是通往的途徑。

經行

傳統中國叢林裡的禪坐，除了「坐香」，尚有「跑香」，皆是禪修之法——坐中修與行中修；坐以靜爲主，行則以動來調身心，也與坐相配合，並能舒活坐久而疲憊的筋骨。

禪修用功之法，大抵即靜與動的調身、調心工夫，不過就一般而言，禪修自然是以靜爲主，故禪坐或坐香是禪堂裡的主修功課。但禪修方法亦不能只靜而不動，尤其身體的調和，動也是重要的，故叢林中亦有在靜坐之餘練武健身的。但於禪堂中，則以跑香爲動

中修的方法。

一般跑香是以快步行，南傳佛教則以慢步行為經行或行禪之法。聖嚴法師揉和二者，在禪堂裡的行香方法中皆有採用，並設計出一套三個步驟的經行法：慢步行、快步行、散步行。

慢步行在專注靜止的腳底湧泉穴，以止及沉心為工夫，這與南傳佛教觀動的那隻腳以覺照生滅法的方法不一樣。不過今年開始，聖嚴法師亦教觀動的腳的方法，不過仍以止及沉為主。慢步行了一陣子，將心沉下而漸凝止時，便轉為快步，全身放鬆，任由快步移動時身體自然擺動，心不急不躁不慌。由於慢步時心已沉穩，故工夫用得好者，在快步行時，只覺腳步快速移動而身心皆不困，反而能輕鬆地快走。再一陣子便轉為散步式，悠閒地徜徉著。

慢步要沉穩、快步要輕鬆、散步要悠閒，在身心眞正放下時，是有這樣的效果的。不過在經行時，快步法也往往會成爲禪師逼禪眾的方法，利用快步行將禪眾逼入思惟的「死角」，有時也會有效用的。這時快步就不輕鬆而有著緊逼的感覺了。

方法有一定的形式，但應用者若能活用，便是活的方法了。禪堂裡的靜與動的禪修法門，端視禪師的純熟活用了。

第四輯

吾心小品

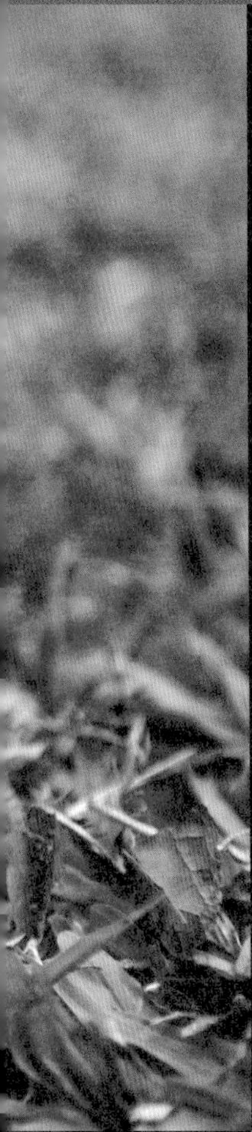

心遠離

在定慧的修持裡，心靈的意境會在昇華中，不斷地進入更深細的狀態。

若定慧成就時，有些智者就會因如此深細的心靈，不再染著俗世間種種粗糙的存在，因此而遠離；不只是心靈的遠離，身體也悄然地遠離，不再囂塵中生活了。

也有一些聖者，身心雖已達到十分深細的境界，在心靈不染而遠離時，卻投入滾滾紅塵中，與紅塵中粗糙身心的有情相應，引導他們走入深細的時空中。

其實不論聖者如何生活，皆不會因此而使本身有所損傷。只是平時的生活習性，以及在志願引發時的不同量度之差別而已。

眞正契入法性、證得空性的聖者，在本質上的體悟是一致的。

只有如此證入，才是出離世間、超越生死的必然境界。

而這一切的行持、經驗乃至證悟，皆在契入空性時完成了。

一九九七年九年二十六日・雅加達火車站

雲遊

雲遊如果是一種智慧，雲水生涯便是一種磨鍊。

人的一生，只不過是生命中的一段旅程。

汲汲於追求，爲求生活過得幸福，卻不知不管如何奮鬥，缺少了應有的因緣，都是不會顯現的。

已顯現的，是已具足的因緣生起之現象。

而這一切的顯現，其必然的歸宿是滅。

有生必有滅。

從現象的滅中，去看到一切現象必然的滅；從萬象中，透知一切存在的本性之寂滅。

對生命中的這一過渡現象，還需要刻意去安排什麼嗎？

但這不是消極的、悲觀的。

必須對生命有深徹的透見，才能得出的智慧。

其實人的一生之中，何嘗不是如此？

什麼時候，人眞正能爲他自己安排呢？

只有透視的智慧安頓了生命。

一九九七年七月二十七日・佛羅浮屠

心無礙

事事無礙、重重無盡的法界，如何通過世間的相顯現出來？

在法界中，要顯示出莊嚴、壯觀，又不失空靈、無礙的圓融境界，眞是要令人深思。

也許那不會是觀念、思想初現的產物，往往都是思想及禪觀達到圓熟的時候，才會出現的。

而最可嘆惜，圓熟往往就是要沒落、衰微的開始。

但這又是世間的必然秩序。

因此，都是必須接受的事實。只是人們內心裡還有太多的懷念，會去設法保存。

也許這也是人類內心裡的深層寄託，通過如此，傳達內心深層的佛性。

其實在經典中，將佛佛世界、無礙無盡的境界以文字記載，卻不能直接傳達給世人。但也只有如此的結構、如此的雕塑、如此的建築、如此的安排，才能傳達一二吧！

而只有透過空觀，再出而現爲假相者，才能見此中之全然吧！

一九九七年九月二十七日・佛羅浮屠塔中

宗教人文

宗教的思想價值觀愈深入人心，宗教文化愈能蓬勃發展。

這種宗教文化的發展，基本上可以從物質及精神兩個層面展開。

在物質上，顯現為建築、音樂、文學等藝術型態，而在建築上最為明顯與特出，因為這與所有信徒皆有直接的關係。

在精神上，則現為宗教修道生活的普及。這可分兩層：一是普遍的，二是專門性的。

普遍性的顯現在大部分信徒中，重信願，重福德。

專門性的則是專業修道者，重禪定，重智慧。

前者會凸顯在物質文化方面的提昇，乃至精神生活上的嚴肅，也往往成爲教條模式。

後者也往往容易顯現爲神祕主義，修持風氣的迷漫。

當然這一切都會消逝的，而物質的層面有時候會殘存下來。至於高層次的精神修養，除了一些文字的記載，除非也將其刻畫在高超技術的藝術品之中，否則就「證入空性」了。

一九九七年九月二十七日·佛羅浮屠

心的靈性

文字一味的感性，缺乏理性思惟，容易掉入濫情。

然而只有理性，缺少感性的滋潤，也會落入僵硬。

若只是意志的激發，便是口號。

此皆爲人心作用的不同層面，流露爲語文，再轉化爲文學、藝術。

然而，人心極深處的靈性，若能觸及，流爲悟性的功能，對本身及外在的種種，便能透見清澈。

此時，若轉爲文字，便是具有靈性，而能深澈地發揮眞善美融合爲一的作品。

此文字往往流出爲簡易單純，但卻非表面浮層。實際上，必須是對生命的深層體悟者，才能如此深刻地見到生命本質，而能直接地流露。

那已不能再以一般的角度去解讀，必須澄心靜氣，才能與之相應，直透人心，徹見本性。

一九九七年九月二十七日・佛羅浮屠

心的純樸

純樸到全然無欲，應是聖者的心境。

如此純樸是經過磨礪，在塵囂滾滾的紅塵俗世中，流浪、受傷、爬起、提昇而完成的。

也有一些簡單的生命體，或者是共業使然，不能引動強烈的欲望；也有一些人，過著表面簡樸的生活，那或者是個性使然，也可能是生存的環境中，沒有引發激烈的欲望的外境。

因此，簡單的生命、簡樸的生活，是有表層與內心的。

而內心的純樸，並不因爲共業、個性、環境造成的。若只是如此，則仍然受著外在的影響。

心靈本源是純樸而清淨的，那是沒有任何雜染的。只是生命在顯現爲形體而流轉生死、流浪世間時，所有的污染便可能層層貼上。通過對生命本質的領悟，徹見本體，於是將層層已貼得緊緊，乃至也已成爲生命體中一部分的污染，層層地剖下，讓心靈的泉源淨化、純化。

生命本來面目的顯現，是徹悟了這一切的繁雜污染之虛幻，生命本源純樸之清淨，經過不斷地精進修持，終而完成的。

因此，這是全然無欲而純樸的聖者心境。

一九九七年九月二十八日・佛羅浮屠柏溫寺

無心

空是全然純淨的，一塵不染，一絲不掛。

不是無塵，而是塵無「我」可染；不是無絲，而是絲因空而無處可掛。

契證空的聖者之心，正是如此。

但此已空的心，其有作用，不是因爲有心，而是在眾緣和合中，顯示了心的作用，是非實有，卻因爲緣起而生。

因此聖者無心，因爲心空，遇緣而生，不需造作，不需安排，

因此聖者無作。

既然無爲無作，聖者的心自然無念；因無念故，便不會有相現前。因此聖者無相。

然而如此境界，只有佛與佛才能究竟覺知。

如此，則凡夫如何悟入呢？

於是聖者從無相中現相，爲現相而生念，爲生念而有爲，爲有作而有心。

於是聖者在不染不掛中，現出種種相，那是因爲眾生的需要，遇緣而生而滅。

而聖者仍然在空中。

一九九七年九月二十八日・佛羅浮屠孟都寺

文化使命

眞正能體會古人的智慧，珍惜前人留下的古蹟者，是有深厚歷史意識及文化使命感的。

雖然我們也將留下一些東西給後人，但同樣的，如果他們缺乏了這一重意識及使命感，也會將這一番心血當草看。

有時候這是因果循環的，如果我們不懂得愛護傳統及古蹟，我們又怎樣能創出奇蹟讓後人珍惜？又怎能期望他們會愛惜我們留下的遺產？

也許這不是太多數人的責任，但每一代一定要有創造的少數在領導或開創，否則便是空白的一代。

太多空白的一代，文化斷層的現象必然出現；若有太多的斷層，也就會有文化死亡的情況，或至少會形成文化僵化及衰落。

不必有太多的期望，因爲這只有從本身做起。當我們能從歷史中去培養出深厚的使命感，從自己不去破壞及傷害開始，若能力所及，再出而保護；若長處具足，再起而開創。

文化是由許多個體的共業推動的。

一九九七年九月二十八日・佛羅浮屠

渺小

沒有一個個人不是渺小的。

不敢面對或接受、不懂得或不願意繼承傳統的人，是沒有大局面可開展出來的。

沒有共業，沒有基層，所有在最高位的統治者是不可能施展他的權力的。

一個個人是不可能有偉大的事業，或成爲偉大的人的。

一個無知、狂妄的人，才會自以爲他是偉大的、是成功的，是絕對權力的施發者，或是靠他個人的努力而取得圓滿的成果。

世間的一切存在都在互動相連的關係中，連佛陀降生世間，也要觀察時機因緣。從人的角度來看，也即是人類文明已達到了高峰，才會有人因此成爲覺者，這即是緣起。

因此，佛陀總是自稱爲人而成佛，並讓所有的人明白，能依著相同的方法，具足了如此的因緣，任何人皆可成佛。

然而這些外在因緣的具足中，個人的因緣也是必然的，如果不能把握，終究無能完成。

因此，不可自傲，也不必自薄，認清了這一切的事物，在共和別的因緣中站穩這一步，再向前跨去！

一九九七年九月二十八日・蓮花旅舍

人性與禪

人，畢竟是大地。
人，固然可以凌空高飛，登峰極眺，但這是暫時的。
人，還是要回到土地上的。
禪是把所有凌空登峰的超然心境，都落回到大地。
人，畢竟是當下的。
人，固然可以回味過去、展望未來，但這是虛幻的。
人，還是要活在現實中的。

禪是把一切過去、未來的緬懷期盼，都拉回到當下。
禪是超然而踏實的，禪是無住而生心的。
禪是當處即眞，直下承擔的。
而最重要的，禪是人性的、生活的，禪是眞、是空。
禪即是佛心。

一九九七年九月二十九日・日惹飛峇里的飛機上

菩薩道

從現實出發，在生存本能的條件具備，以及生活素質必須提高之間，要取得協調、平衡，呈現出來的文化，必然會重視色聲等與感性最明顯的感官作用相應的外境。

因此，看似較爲落後，或比較保守、堅持傳統的文化中，在其藝術上的表現，皆以感官較原始的色彩與聲音爲主。

對自稱文明者，這往往會有很強烈的震撼，許多文明有太多的加工及理性，往往使感官的作用也遲鈍了，或加入太多的思維與知

識。

這種重視感性直覺的文化，基本上會比較純樸，但若其民族具有高度的藝術天分，也會從樸素乃至粗豪中，顯示其細膩及精緻的一面。

這一切皆是人生命中的組成部分，若能將這些統合完成，那就需要高度的智慧，這在通往眞理的修行道路上，是可以做到的。但這必須是精深、博大兼顧，感性、理性、靈性完美地結合，才能達致。

而這即是菩薩道。

一九九七年九月二十九日・嵜里

生命的泉源

一切存在都有本身的生命。

除了大自然的一切現象，人爲的加工文化、藝術也是如此。

而人是生命的根本，心是生命的泉源。

如果沒有了人，一切存在的生命會失去光采，尤其是文化、藝術。

人創造了文化、藝術，創造後的文化、藝術便會有它們本身的生命。

這生命源自人心的感情、思想與靈性。
當這一切存在以它們本身生命延續時，是可以離開人心而生存。
但生必有滅，既然有了生命，也就會漸漸地死亡。
除非生命的力量沒有終止，生命的泉源沒有乾涸。
因此，文化、藝術的生命要能代代相承，在於做爲根本的人、做爲泉源的心。
如果一個文化、一種藝術，其創作的人已經不能再發出有活力的生命力，這一文化、藝術便在衰亡中了。
要維護文化、創作藝術，要從根本的人、泉源的心去著手。
心的生命活起來，人也就活起來，一切也都活起來了！

一九九七年九月三十日・峇里

完美作品

太過在意外表意象傳達時，若忽略了其泉源在心，那往往就會流於表象而失去了內涵，缺少生命、靈性。

有些人由於天分及感性，在藝術的創造及宗教的信仰上皆可以投入，因此在創作上表現得精美，在信仰上顯得虔誠。

二者結合起來，若是由一個民族的全民投入，便會有很精緻的宗教藝術的表現。

這種在事相的精緻，乃至可以達到無礙的境界，然而若缺少了冷靜、理性的內斂，縱使觸動的是內心某種感動，在宗教的修持上，仍然未能深層契入靈性的生命。

也許他們可以知足，活得快樂，並從事各種藝術創作，乃至以藝術來傳達信仰的某些訊息，但終究非生命解脫之道。

因此，對生命理性的探索而深刻地貫通，達到無礙的境界是重要的。但若只落於這邊，表象無從傳達此信仰的眞善美之感性作用，仍有不足。

若事與理的結合、統一，成就事理無礙，內外、心物的融會，應該就是完美的作品了吧！

一九九七年九月三十日・峇里

AMOUR

話頭

觀音是誰？

盤坐水邊，觀聞水聲。

初聽乍覺雜亂、吵噪，專注觀聽，漸漸理出其序，聽出其章。

於是轉爲樂音，聽似單調，卻有韻味。

漸漸再深聞，聽似單調和諧的樂音，卻由許多不同的聲調、音韻組合而成。

於是似乎同一的章序中，在流動時變化，生滅無常。

水聲流動無常，觀者的心隨著所觀之音也無常。

無常的心觀無常的音，無常的音觸動無常的心。

能觀的心非只因無常的音而無常，乃因心本身即由種種精神作用組合而成，故是無我是空、是無自性，自然流動爲無常。

水非因流動而無常，乃因水的流動即由四大作用組合而成，是無我是空，無自性故而無常。

能觀是空，所觀是空。

觀是空，音也是空，無觀亦無音。

觀即音，音即觀，觀音不二。

那麼，觀音是誰？提起話頭，參！

啪！觀音即觀音。

一九九七年九月三十日‧峇里

直心是禪

禪是直心。

禪心是全然沒有掩蓋、裝飾的，因爲沒有必要。

禪是純然清淨，沒有雜染。

從禪心流露的一切行爲由於沒有雜染、沒有造作，故禪心直透地表現於外時，任何的掩飾皆爲多餘。

然而這不是一般以爲的任性胡爲，並顯露爲惡性、染性的作法。

心已純然淨化，不只不落於惡法、染法，連善法、淨法也都已超越。

依空而隨緣，不落一邊，而行中道。

無心而無住，不落枯寂，遇緣則現，恰到好處。

因此其日常生活，沒有神祕、做作，只是平常。

這無需多言，但即使言多，也不會有失。

因爲心已經純淨，言也純淨，行也自然如此。

直心是道，直心即禪。

一九九七年十月一日・峇里

心同法界

當心的含量等同法界，還有什麼需要掩飾的！

法界無始終、無去來，無邊中、無內外，本性即空無自性。

一切言語到此而止，一切符號到此無用，一切傳達工具到此斷滅。

此看來無可言傳思議的廣大無垠之作用，似乎神祕玄妙；實際上，其根本在一心中。

心能證悟法性，入畢竟空，一切相對境界，言語戲論，心思意想，全然寂滅。

此時非將一切空掉、斷滅，而無有存在；卻是一切存在歷然，而其眞相實性歷歷在目，清楚明白，無有雜染，無有掩蓋。

既然心已契空，則無有相、無有念，心相本身也寂滅。

此則心自與法界等同，當是時，法界一切因緣和合而現有的存在，莫不皆含於一心。

即是眞空，亦即妙有。

眞空因無自性，妙有嚴土熟生。

心即法界。

一九九七年十月一日・峇里

思惟活水

有智慧的思惟是不會枯竭的。

知識是會用完的，因爲它只是對外境的認識，或者一種外在的認識，而缺少了對本質的體會，也缺少了內心的醒悟。

任何外在的存在現象，都與我們的心相依互動，如果對它們只當成是一種認識，乃至想通過對它們的了解而利用、征服它們，心物、內外的對立馬上建立起來，一切的相對、對抗便顯現了。

如果對外產生了認識的作用，就以爲已經獲得一切知識，缺少了往內心還觀，依心源探索，那也只是意識的表層作用，對心的深層靈性未能觸及。

必須通過對事物本質的探索，以及對內心的返觀回照，才能徹見事物本性、心的本源。

有了本性的體會，透徹了本源的醒悟，但卻又不是搶眼奪目的光采，是內收含斂的清明。

體悟本性，覺證本源，其實即是證悟了空。

空，當然是無量無盡無邊。

一九九七年十月一日・峇里

安頓

心平和沉靜，生活就安頓了。

平時的心總是喜歡對外攀緣，總是容易受外境的觸動、誘惑、干擾，因此都是在波動中，不能安定。

縱使有時候也會往內省察，卻除了妄念紛飛，見不到心的眞相，心當然也不能平靜。

外境雖然看似清楚，其實卻有太多的不可知、神祕等狀態，使心在觸到時，不能見其眞相，不能預知未來，就失去了安全感，沒有了寄託。

心雖然看似簡單，卻是妄念雜亂，難以釐清，如此無知無明的心，不能安頓。

若對外境的紛亂狀態，尋找一個理路，明白到不管如何的複雜、神祕皆有必然秩序，一切外相的眞面目便露出來了。

若見此必然秩序，心本身亦已能見其本性，達其本源，一切紛紜妄念即沉靜，本來面目明朗亮出。

心就平和了，沉靜了，安頓了。

日子就單純了，生活也就安頓了。

一九九七年十月二日・峇里

本來面目

生活的根，建在文化中。只有對本身所屬的族群有歸屬感，並從文化中去尋找出其根，生活才會落實下來，才會覺知自己是有根、有文化的人。

這是一種認同、共識，依此才會覺知自己的生活歸宿，生存的價值。

然而這仍不是心靈的歸宿，不是生命的終極意義。

文化的共識，是共業的認同，使個人在群眾中有所依託，感受

到安全、充實。

而心靈的眞正歸宿，不是來自外在的認同，而是直從心去安頓的。

心在種種內外作用、物質與精神的作用中，產生種種的念頭，聚成種種概念、思想，這已失去了心的本來面目。

在迷失眞相中，心當然就會困惑、恐慌、罣礙、顚倒。

只有透過不斷地深探，層層剖開，將心源還本。清楚澈見心的本來面目，才是安住於終極歸宿。

這一切行持，從對生命探索而生起疑情，漸漸撥開，終而澈見心的本來面目即是空。

一九九七年十月二日・峇里

寂滅

生滅滅已，寂滅爲樂。

一切存在皆在生滅的過程中，而一切生起的現象，最終必會滅去。

有生無不滅，是必然的現象。

人卻往往在如此必然中，想找出一個生而不滅的東西或主體，希望找到永恆。

當人有如此作法、想法時，已落入了無明與染著的煩惱，當然就會苦而不會樂。

縱使感恩在接受外境時，會有樂受出現，但這也不是持久的。人若盼此樂爲永恆，或怕樂會失去，那麼就會深爲此而苦惱。因爲此樂是暫時的，是必然失去的。這兩個期盼都是無知而求不得的。

其實一切存在，在生必會滅的過程中有必然秩序，即此無常現象是無我、無自性，故緣具則生，緣散則滅。

這一切現爲有的現象，皆依空而立、而現。

空，無有自性，本即不生，不生自不滅。

在緣生緣滅的過程中，透見此不生不滅之本性，一切無明愛染即寂滅，苦也寂滅。相對於苦的樂也滅去，無苦無樂，即中道之樂。

一九九七年十月二日・峇里

蓮的心

蓮，出淤泥而不染。

其實對蓮而言，並無有此心。

若蓮認爲自己出淤泥卻不染，即在蓮的心中就有了染與不染、淨與不淨的分別了。

若蓮有此心，那蓮在淤泥中，仍會活得不自在，或必須以高潔的姿態出現。

然而，蓮卻那麼平凡、那麼平常地生於泥中，突水而出，風來搖曳，無風自靜。沒有嬌妍，沒有奪目色彩，清清淡淡的。

原來蓮的心中，已沒有了染不染、淨不淨的分別。

因此，蓮才能充分吸收泥中的營養，使蓮花、蓮葉、蓮蓬，乃至泥中的蓮藕都長得好。

蓮是充實的，因爲其果在花中已經含蘊，花落蓮成。

蓮是潔淨的，不只是不染於泥，乃至清水落在葉上，葉也依然不染。在不取不捨之中，任由水珠在葉心中，但一過量，便斜下一邊，讓水珠落到池中，與池水融合，而蓮葉依然。

蓮是美的，因爲蓮廣結善緣，眞是人見人喜。

而蓮的心是超然的……。

一九九七年十月二日・峇里蓮池畔

第五輯

法爾本然

空即是空

空即是一切，一切即是空。

我們不能在一切以外，再去找一個空；也不能離開空，而見到一切。

一切的存在，不論是現爲形像，或無形像，當下當體即空。

空不是無，也不是有。

若說空是無，則空便成爲虛無、斷滅；若說空是有，一切便不會變化而能單獨存在，各有不變的主體。

人類的思惟作用，必有前後相，因此有過去、現在與未來的流轉。

人類的心識在產生作用時，有著極爲複雜的秩序與心理組成單元，因此每個念頭本身就非實有存在。

以如此之心想要明白極爲單純而至於無有語言、心行可闡述的空，除了在思惟、觀想中分析外，又能如何？

思惟、觀想的分析，仍然落於世間、空間的現實中，當然就見不到眞空。

空似乎在否定存在，實際不然。空只是否定了一切存在的自性，即是存在中含有內在不變、主宰、獨一的主體。

空似乎在肯定常我，實際不然。空只是肯定了一切存在的存

在，在存在現有的當下是因緣具足的，這是不能否定的，但這卻是不斷在流動、不斷重組的過程，因此是無常、無我的。那當下是不落在時空觀念中的。

空固然可以在分析中理解、明白，但要實證空，就必須在一切存在的當下、當體中見到，此則空與有不二，空與無亦不二。

存在的生滅當體即空，即不生不滅。

空即是空，空即是空。

一九九七年十二月十一日・般若岩精進靜七

心性本淨

本性清靜，心性本淨。

法性本空，不生不滅，不垢不淨。

超越時間的生滅相、恆常相，曰不生不滅，在無生滅的本性中，卻又強調其恆常之相。

即是從語言、世間的正面中，去做雙重否定後的大肯定，確立了大乘佛法空義的積極面。

如此則法性即為清淨。

心性本淨，佛性清淨。

心爲諸法之心法，心之本性即爲法之本性。法性本空，則心性本空；法性清淨，則心性亦清淨。

佛爲覺悟，佛性爲覺悟之本性。眾生覺悟而成佛，故眾生與佛心，即爲不二。

佛性清淨，佛心清淨，因爲已覺悟法性，故直顯爲清淨。眾生之心亦本性清淨，因眾生心即佛心，也即是佛性。心性、佛性、法性，皆爲一體。

在一切法曰法性，在覺悟義曰佛性，在心包括了佛心、眾生心，曰心性。

當然這已不落在世俗諦中，超越相對之相，故曰本來，即無去來相，無生滅相也。

既然心性本淨，但眾生卻未成佛，蓋眾生一落入時空相，一切相對作用現前，自有染淨之分。

但若明其勝義，修之、練之，使心之相對作用泯滅，清淨之本性自然現前，此時不論曰佛、曰覺、曰心、曰空、曰淨……，皆不重要，法性本然。

一九九七年十二月十一日・般若岩

定慧等持

心能沉靜，自能澄淨。

以正確的方法調心、修心，使心沉穩、安靜、專注、等持。

此沉靜的心即已是制之一處的定心，經云：「無事不辦。」

心能安住定中，是調心的重要基礎與次第。

但在調心至定的過程中，須時時提起覺照的作用，使心在沉下時，仍能覺照而不會昏昧，或陷入無記。心沉而昏昧是昏沉，心若無記，則入深定時，便是無想之定。

此與慧的觀想、觀照皆不相應。

若心不能沉靜，則飄逸的心、散放的心，無法安定。縱有思惟，也是散心觀，如風中燭，照明作用弱，且隨時會熄去。

調心、修心是通往淨心，或使本性清淨的心顯發清淨功能的必經途徑。只是方便有多門，但基本原則是調心的方法中，必須使心能專注不散亂，並有警覺明照之功用，如此才能使調心工夫再深入，止觀雙運，定慧等持。

專注一心的定，能爲慧觀之增上力量；警覺明照的慧，能爲止定之增上力量，二者之間是相互增上、相輔相成的。

如此看來似乎不易，因要同時修持定慧，卻不知這才是善巧。偏重一種的方法看來容易，卻不知更需用力，因爲二者之間本即有

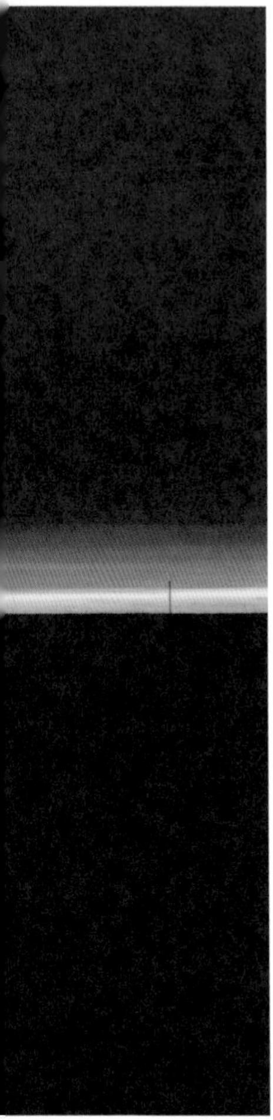

相互增上之作用。

雖然入門時，須先擇其中之一爲主要修法，在進行中卻必須漸漸注入另一以相互護持。

在次等上，往往以止爲先，但在用止時已有觀的作用，因警覺之心才是止在用功的心。止已漸有基礎並得力時，觀照、觀想也就順水推上，使二者結合，雙運等持，沉靜澄淨。

一九九七年十二月十二日·般若岩

無常無我

剎那遷流，無常無我。

沒有兩個剎那是相同的，下一個剎那也不會重複前一個剎那。

這就是世間，流動不息、無常變化的現象。

一切行皆如此，包括了人的心念。

念念遷流，無常無我。

當我們以爲我們想同樣的事、做同樣的思維，或做同樣的事情，乃至重複地做，那是已經失去覺照的心。

失去觀無常無我法則的覺照。

我們只能延續類同的事，一切存在也只是相對性地安住，使我們感覺不樂，或至少變化不大。

殊不知每一剎那現前，延續前一剎那，卻已另有不同的組合因緣。表面的類同，只是延續作用產生的循環，卻不是重複，也不是相同。

但在執常、執我的心理作用中，我們有時候因確認其常態與我相而歡喜，有時候則生厭倦。

這皆是無明愚癡之心啊！

有時候我們更因此而恐懼死亡，還想追求永恆、永生。

結果是恐懼的死路只有一條，苦苦追求的永恆、永生卻永遠得

不到。

只有確知一切法的無常無我，空無自性的本然性、安定性、普遍性，去面對、接受，以正見、正念去觀照，見一切法的本性，不執常我見，不再爲這一切現常相、我相，或遷流不息的現象而苦惱，才能解脫，才能寂滅。

正因爲空，正因爲無常無我，一切法才得以現前、才得以延續、才得以滅去，我們也才得以生、住、異、滅，這才是正常的。

無常非斷滅，無我非空無，業果報不失，是爲世間相。

無常非斷滅，無我非空無，正見無自性，得入於涅槃。

一九九七年十二月十二日·般若岩

本來面目

言語道斷，心行處滅。

在佛法的修證，包括禪的開悟，在其證入或開悟的剎那，以及證悟後的境界，有一片空白處，非我人的經驗及語言所及。

但這不意味著神祕，雖然很多時候，佛法的修行經驗及禪悟的修持，被宗教學者們看成是神祕主義。

這只表示了在人類或有情內心深層，還有大片未開發的境界，因此即使像人類如此活躍的意識功能所應用的語言文字，仍無法闡述或描繪清楚。

但對開悟的聖者而言，所覺證的境界，如觀掌中紋，了了分明，並無有神祕，而眞正心領神會，因爲那是他親身體驗的，親切而直覺。

一般這些修證的體驗還是會以語文轉述的，只是我們會有隔層的感覺，因此在我們聞思理解時，應要讓自己越出語文局限，去體會那言外之意，才能較親近地明白語文背後所欲表達的訊息。

難度更高的轉述訊息應該是開悟或證入的當下，及前後的刹那。因爲那過程如閃電，不及見已過去了；且爲突破性或類似爆炸式的狀況，有些禪師還有那種身心脫落或打破黑漆桶的形容。

其實修持佛法或參禪者，是可以撇下這些於一旁的。只管用功，把止觀方法掌握好，把話頭公案提起，驀直去，佛來佛斬、魔來魔斬。

依止觀法門而入定起觀，無常無我，空無自性，一旦證空，便證入涅槃；參禪則靜心參話頭，祖師西來何意、父母未生前本來面目，參個天昏地暗，疑團凝聚，鑽入黑漆桶，見山非山，見水非水，待虛空粉碎，晴空萬里，日光遍照。

張開心眼一看：喔，原來如此！

一九九七年十二月十三日・般若岩

打破本體

萬法歸一，一歸何處？

萬法指的是一切法，「一」在此一般是指本體。

一切法回歸本體，這是含有本體論的觀念。

如此觀念非佛法原始義理，但在印度與中國發展的佛教哲學，卻有些體系用上了。

到了禪宗手上，也許是要打破這本體的觀念，因此設了一個思想陷阱：一歸何處？

一切法回到本體，這或許可以明白，但本體又要回歸，回歸到哪裡呢？本體還有歸處嗎？

於是這可以成爲一個話頭、一個疑點。

但參此話頭者，如何把握此話頭的機鋒？

不然，便成爲念話頭，一直念而不能生起疑情。或者參出了一點味道，便將此「一」套入了老子的「一」中，於是找了一個「無」或「空」爲其歸處。

再不然就是參出了一點禪味，知此一非有的一，也許即是指空或無，因此就來個「一歸萬法」。

這就不只一點禪味了，也許就有人是如此悟入了。

其實話頭並無答案，參話頭不是找答案，而是要打破疑情，現

出本來面目。

若仍落入本體觀念中，也許是只能停留在如此的階段了。

若知此話頭所設的思維陷阱，不掉進去，先打破本體觀念，不預設任何立場、不尋求任何答案，只是咬緊話頭，猛力參去！

萬法歸一，一歸何處？就是如此猛追，並以此話頭塞住任何出現在心裡的思考或思維體系，也逼住所有的念頭生起，只是猛參：萬法歸一，一歸何處？

那到底「一歸何處」呢？

參！

一九九七年十二月十三日・般若之岩

離生喜樂

禪悅爲食，法喜充滿。

在靜坐的修持上，曾有過或經常安住於止靜境界的人，都會體驗到心境處於沉靜、平和、專注又充實的狀態時，內心就有一種內在的喜悅，這種喜悅不是其他由感官作用得到的所可比擬。

沒有修定或入定者，不容易去體會如此喜悅，有的甚至否定這種覺受，尤其是一些從沒有接觸過類此靈修的人，或者唯物思想者。

其實這種定境禪悅在大部分的宗教靈修功課中皆有提及，只是深淺程度的不同而已。

印度的瑜伽、佛教的禪定，在這方面有詳備的方法指導、修證的次第。

而修定入定者因內在禪悅法喜，往往對世間的欲望就會淡化，較積極的也會厭離、遠離。

佛教的禪定中以四禪爲根本禪，那是離開了欲界各種欲愛與貪染的定境。進入初禪時是「離」欲界而「生喜樂」之境「地」，二禪則是「定」中「生喜樂」，三禪是「離喜妙樂」，四禪是「捨念清淨」。

從名相的描述已多少看出了四禪的內涵，皆以喜、樂及完全平和安定（捨）爲主。

可見修禪定而有成就者，的確是在充實而喜悅的心理狀態中。

但如此境界要保任，所下的工夫、所用的時間與修時入時幾乎是相同或更多的，尤其證定者更因心理狀態而喜大自然、山林水邊的生活。因此眞正走上修定的道路者，一般都是全心投入了，否則業餘性質，幾乎是難有成就的。在目前工商社會、資訊時代，幾人能如此放捨世間的所擁有而走上這條內心平和喜悅的修道之路？

雖然這仍未眞正解脫，卻是通往解脫的必經途徑，探索生命而達至嚮往生命解脫者，自然地就會走上這條禪修的道路。

一九九七年十二月十四日・般若岩

所作已辦

我生已盡，不受後有。

幾乎修持佛法者，都希望自己有一天，可以從心中作出這樣的宣言。

因爲這是由解脫道極果阿羅漢口中作出的宣布。

佛法的修持中，從世間導向出世間，從生死流轉趣往生死解脫。

修持佛法者依本身的程度，隨佛法的次第而修，終極目標是得解脫，證阿羅漢的果位。

阿羅漢是解脫道的最高果位，除此在進入出世間解脫時，尚有初果須陀洹、二果斯陀含、三果阿那含。

趣入解脫道所證得的果位，雖有階位之分，但其根本是一致的：即是從生死之流轉中解脫，而所證的根本是「無我」，即斷除我見，也即是斷生死流轉的根。

人所以流轉生死，在於執著有一不變主體，即「我」的存在。即使在死亡來臨時，也死執此「我」不放，故在不得不拋下此生之色身時，便又去攀執另一個可以存在的色身，以爲如此才安全，因有東西可攀、可染。

宗教及一般靈魂學者稱之爲靈魂之物，即是我執之知見，也因此執我執常的知見而以爲靈魂爲不變的生命主體，在肉身朽壞時仍可投胎，或生到天堂永生。

因爲如此知見，而造成了生死一生又一生的輪迴，不能止息、不肯止息，卻又痛苦於此無休無止的輪迴遊戲。

於是終於有生命醒覺了，不要再流轉下去，於是從內心最深處探尋生命終極眞實爲何？在不斷地修持定慧、不斷地探入內心深處，終於印證了佛法所說的無常無我的眞義。生死流轉只不過是生命在無明與愛染的我見、我愛等煩惱運作下的現象，一旦見其本性爲無常無我，我見斷除，我愛滅去，趣入解脫道初階，生死根斷。精進修學，終而證入極果寂滅，於是宣布：我生已盡，梵行已立，所作已辦，不受後有。

一九九七年十二月十四日・般若岩

身心安頓

行深般若，心無罣礙。

每個人的內心深處都隱潛著難以言喻而深細的不安，沒有休止地蠕動著。

但卻少有人去覺察，因爲我們每天都爲生活奔忙，被沉重的生活擔子、生活壓力，弄得緊張、不安，已失去了觀照內心深層狀況的覺察力。

而這一表層或意識層的不安，其根源自內心深處。

此深層細微不安，是生命對自體的一種堅固深執的染著，因而對自體的生存、安全感、延續，皆形成強烈的欲求，但又因對自體生命的實相無所了解，或了解不夠，故而產生了種種的罣礙、不安。

於是便從內層透出，現爲表面的狀況。爲了安撫，便有了種種對外在的攀執，以爲如此便能生存與延續，生命也因此而有安全感。

但實際上，不論如何攀執著外緣，也還是無法安頓的，因爲所攀附的外緣是會變化的，是組合而成的；而內心不同層次對生存及安全的欲求也都不同，也常會起種種變化。如此則可以說是等於沒有確保生命生存、安全與延續的絕對條件，當然內心深處對此的反應依然是不安的，問題仍是懸而未解。

只有往內心去剖析，對整體生命作深入而全面的分析，看出生命的本質，才能眞正獲得身心安頓處。

生命是由物質與精神的能量，也即是色身與心識作用組合而成，原本就沒有一不變的主體。對此無常無我的生命個體與本質沒有眞正的透視，才會產生種種的染著與攀執。若能透徹剖開生命個體是空，組成生命個體的元素也都是空的，一切煩惱也莫不如此，所有的恐怖、顚倒知見、罣礙不安等心理狀況，皆爲組合的虛幻作用；且無有主體，煩惱亦無依附生起的功能。於是心無罣礙，一切皆安頓了。

這只有通過般若深觀，才能如此照見。

一九九七年十二月十五日・般若岩

死而後生

剋期取證，大死一番。

生死心不切的行者，若去打禪七、靜七等密集禪修課程，充其量只是充充電，搞不好還是去渡假呢！

若能提昇至加行精進的程度，已是很理想了。也就是說，行者平日都在用功，但因緣務未能全心投入；在打七時，放下萬緣，一心在禪堂裡進修參禪。

因平時用功能恆持不斷，故在進入禪堂時，工夫便能用上，在

善知識引導及護持、共修的優勢環境下，把平時的工夫凝聚起來；若禪堂共修氣氛又有力量，就可以使本身的修持工夫向前推進一大步。

若又有大善知識，如開悟或禪修深厚的高明禪師指導，得個入處，乃至開悟，也未嘗不可能。

不過能有此殊勝因緣者，其生死心也必須十分懇切，在禪修時，才能毫無保留地整個身心投入。

這種情況在古代似乎比較多，現代人打七用功，能有推進工夫者已屬難得。

古德進禪堂打七，往往本身已有頗深厚的禪修工夫，或至少平時也打坐參禪，或雲遊參學，多方磨礪自己，甚至以苦修或十分精進的方法在用功；且經常都因通過佛法的領會與實修工夫的經驗，確定了了脫生死的修行觀，以開悟為本分事，乃至一生只為此一大事而活。

因此生死心十分切。這類行者一進禪堂打七，身心及生死皆交付常住及龍天護法了，心裡只有一念：參出本來面目，了生脫死。此時行者除了一句話頭，或一個疑情，已無旁騖，準備大死一番，死去活來。

如此全然地豁出去，除了開悟，已無路可走了。也只有如此地置之死地者，才能大徹大悟，死而後生。

就一個剎那的因緣當下，一個開悟的聖者誕生了。

一九九七年十二月十五日・般若岩

絕對超越

法尚應捨，何況非法！

修持佛法，即是依正法的指導去實踐，提昇自己的修養，淨化自己的心靈，使自己能夠從不善法、非正法中超脫出來，解脫自在。

因此在修學時，必須有一定的道德準則、行爲規範，乃至淨化心靈的定慧法門，以爲依歸，並可遵循的正道。

法便指的是正法、善法，與之相對的非法，便是非正法、不善

法了。

這是修持者在法的抉擇上，應先有標準，如此才會有正確的修學方向與目標。

這也是在此世間必然會有的相對現象，因爲我們的確是生活在是非善惡皆有普遍標準的相對世間。

我們的心也依此相對性質的作用運作。

是非善惡相對的法，仍在其各領域中有不同層次的分別。因此在修學時，便有了次第的提昇。

但若依止正法、善法而精進地修持，在不斷地提昇、淨化過程中，心靈境界愈往更高更廣的層次昇華，此時的智慧更深，對法的體現更完整、透徹而清晰，便能照見諸法空相是超越一切相對的正邪、善惡、淨染等性質，因法本性空，無有自性。

如此照見空，心便能達至超越一切相對的絕對，此時無有言語、文字可以完整表達。心絕對超越而自在，但對世間的相對，在超越後仍然是依止於正法、善法的行爲準則，不違世間的道德。

在通往出世間解脫道，在通往絕對超越的境界修行過程中，非法、惡法的捨棄，正法、善法的引導，是必然而絕對重要的，但在突破並超越而出世間時，一切都得捨下，包括對正法的執著。

空，無相、無礙、無界，一切相對泯滅。

一九九七年十二月十六日・般若岩

上山下山

百花叢裡，片葉不沾。

心行般若，入畢竟空，無相無礙，含太虛，周法界。

在修持境界中，這是屬於上迴向。高高山頂立，臨空遠眺，極目所及，無非虛空，縱有相，也是平等平等。

行者至此雖已自在解脫，心卻仍有所罣、有所不忍，不是罣個己的生死大事，是不忍眾生的煩惱未盡、生死未了。

於是，走下山峰，走向人群，和光同塵，在滾滾塵緣中，以不

STELLA McCARTNEY
POUR
GapKids

染的蓮心，默默度日子，度眾生。

以般若之心出畢竟空，莊嚴國土，成就眾生。

這可是下迴向啊，深深海底行！

這才是一段更爲精進、更爲艱苦的修道生活。

但行者因已能照見諸法皆空，心住畢竟空，故能住空性隨因緣，行度眾工作而不懼不累。

此時行者因深觀緣起，故雖度眾生而從空性得見，實無眾生可度；在空性中觀知，雖無眾生可度，而從緣起相中廣行度眾生之事業。

所做的是空華佛事，所建的是水月道場。

心無所住，卻處處時時隨緣生起。

眾生難度，卻處處時時隨緣去度。

對行者而言，不論是個己生命顯現的現象，還是眾生顯現的生命體，皆空無自性，空非實有，緣生緣滅。因此，度生事業也無所謂大或小，一切皆是隨順著因緣的聚散而有的生滅之相。就如實觀之，如是行之，般若入出空而自在。

於是心了無罣礙，在每一因緣具足之當下，知其爲絕對唯一的、超越永恆的，故能全心全意地欣賞、品嘗其最純眞的美，沒有過去、現在、未來的牽掛。

百花叢裡賞百花，各有姿色自各嬌；百花叢裡過，片葉不沾身。

一九九七年十二月十六日・般若岩第十一屆精進靜七

第六輯

淡思四帖

淡思

近來心思淡於水。

此或與生活有關，或與心境有關。

平淡的生活，尤其是在岩洞裡用功的日子，自然使心思清淡，心思淡而文思亦淡，不思創作。

靜修的心境，若在靜修中又能止於靜中，心只是專注於一境，縱使妄念仍然起伏生滅，卻無一而能成爲創作素材。

日記中盡寫的是對法、對生命及生活的感悟，分行分段地寫下。有時一日數段，短短幾句；有時一日一頁，多些內容，已經滿足了創作的欲望，不作他想了。

偶爾動了幾個寫的念頭，卻在靜思中發覺會有一些人事及是非，於是寧可放棄，也不想澄清或辯白，何況那已是過去的。

在無常的法則中，一切都在變化，變化中雖也含著相續連貫的作用，但若能過去的滅而不再生（於心中），那是一種心靈上的解脫。

過去的好，憶念只有使自己在虛幻的歡喜中，增加懷念而染著，其甜蜜的滋味會有更多的苦澀。

過去的不好，除了後悔，也只能增加更多的不平心理，製造更多的煩惱動力，使苦的輪迴延展下去。

緣生緣滅是無常的現象，無常的運作依於因緣的聚散，無有一主體，一切皆在條件組合中結構及解構，是無我，非永恆、非獨一、非實體、非主宰的。

透見無我之法性，沒有一事不可放下，沒有一物不可捨下，一切都放捨時，生命便究竟解脫了。

既然如此，思想趨向單純的無我，生命趨向簡單的自在，必然淡淡而滋味雋永，可以深深細細地品嘗。

此時更以何言可描述？

一九九九年十二月二十八日・般若岩

平常心

近來心思淡於水。

過著的是太平日子，沒有驚濤駭浪，沒有大喜大悲，沒有高潮低谷，一切只是平凡的常態。

但正是這種日子讓自己能夠安穩、平和、歡喜、充實，而且不會厭倦，反而是愈來愈不想改變。

發覺原來平凡的生活才能常恆，才是常態。

平原才能廣闊，才能無限地伸延，高峰只能獨拔；平靜的水面

才能映出遠山近景，湍急的流水只能激出水花。

高潮迭起的生活，不能持久；平凡而淡泊的日子，才不需用太濃、太雜的心思與心機去應對，故能恆持常態。

密集的課程，不論是激勵的、佛學的乃至於修行的，都只能是短期運作而已，不能長期恆用。

因此，修行的方法固然可以在密集課程中凝聚力量，但若要使修心的功能透入深心、融入生活，則必須使修行的方法平常化，在日常生活中恆常修持，綿綿不絕。

原來平常心是道。

當修行的方法融入生活、深入內心，時時在生活中應用，成爲平常，不再是特有的形式或課程，不需要在短期裡改變生活方式來用功，那才是平常心之道。

當修行平常化了，心思自然也在平凡淡泊的日子中淡化了，不必再爲任何事而忙，也不再需要去創造高峰，一切就在平常中運作。

若安住於如此平凡淡泊的生活，內心依然充實、歡喜、平和、安穩，那才眞正品出了生活的韻味。

若然，又何必多寫一篇呢？

一九九九年十二月二十八日

直心

近來心思淡於水。

在靜修的日子裡，不斷地深入內心深處。

發覺在探入深心的過程中，必須眞誠地面對己心。

妄念紛飛之中，反映了生活的各個層面，反映自己的個性、習氣，也反映了內心眞實的一面。

生活中發生過的事以及自己作出的反應、行爲，皆內收爲妄念；還有許多自己不敢面對的事實，也含藏在意識中。當修心的工

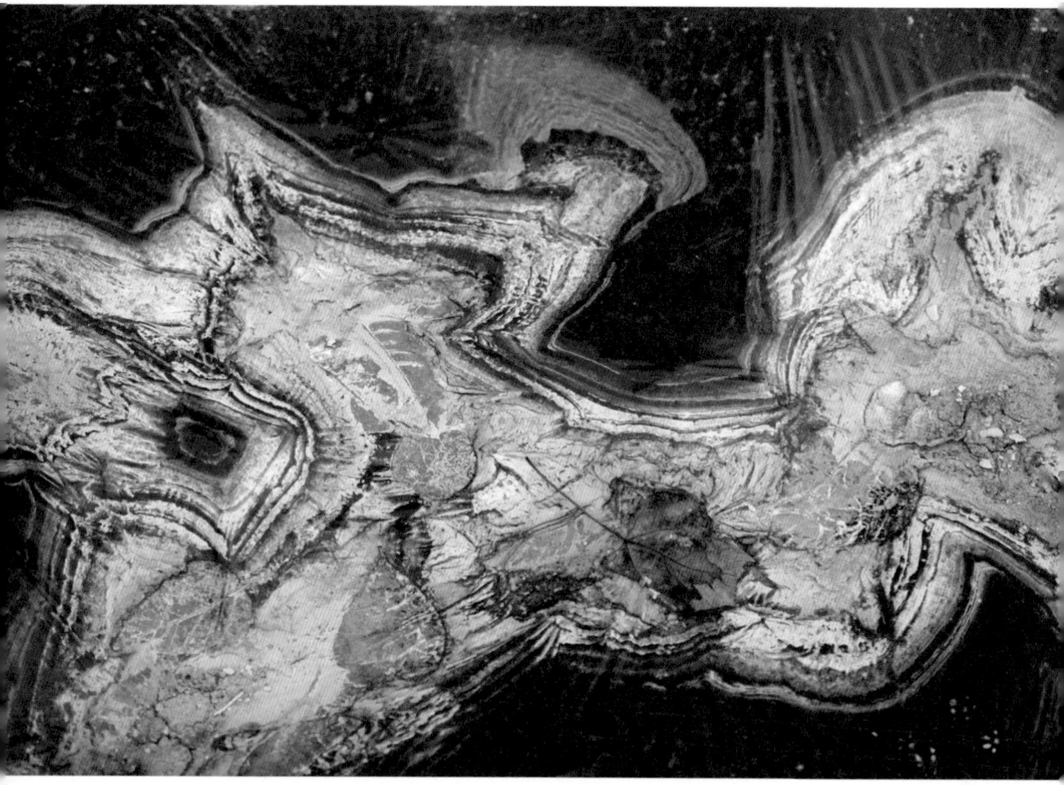

夫經過時，一一無所遁形，紛紛出現。

長期以來累積的行爲習慣，並成爲定型的個性，在妄念生滅中也一一顯露無遺。

這些皆是事實，皆是自己身、口、意所造的業以及形成的報，在生死流轉中就是主要的動力，推動了生命長期在業與報的循環中輪迴不息。

如果不敢去面對這一切，便無以調整、改善自己，在修心的工夫上無法進步；更甚的，無法更深地進入內心，將自己眞實的本來面目找回。

心的本性在妄念雜染中如如不動，但雜亂的妄念經常掩蓋、遮蔽了本性，無以流露。

當勇於面對一切，層層剖開妄念，心性自然在毫無掩飾中顯現，此時便能坦直地流露出心性簡單而淡然的純淨。

此直心乃由心性直透於身、口、意，故爲圓熟的心智，但由此直心流露於外在的行爲，又必是坦然、單純而天眞的。當然因圓熟而充實，必不染於外在的一切，故而淡然如水。

此清淡之心思，又如何表達呢？

一九九九年十二月二十九日・般若岩

空慧

近來心思淡於水。

宇宙間最美的一定是簡單的，最簡單的也必然是清清淡淡的。

宇宙的終極統一法則一定是最美的，故而也是最簡單的。

空即是最簡單、最美的法則，因爲空不只能解釋宇宙的生、住、異、滅，也能說明極微塵（即物理學所謂的最小單位）的性質。

空不是無，也不是有，空只是空。

空不是無，因爲一切存在，歷歷在目；空不是有，因爲一切的有，只不過是暫時現象。

在空中，一切存在的生滅只不過是因緣聚散的過程。一切存有的現象，無時不在重新組合中，故無時不在變化。因存有中並無有一主體在不斷組合與變化，故非實質的存在、非永恆的存續，只有相對的安定與假相存在。

從宇宙而至極微塵，其本性皆如此，故曰之爲空。

然存在在空的法則中運作時，呈現了複雜而多元的現象，使人無從透見其眞相本性，故而迷惑，沉迷於種種現實與假相中。

一旦從種種錯綜複雜的現象層層剖解，透入此存在的本性，必見其極爲簡單的法則運作——空。

正因爲空極其簡單，故依此法則運作的一切，便有了無限的可能性；而無限可能性顯現出來的複雜現象，也只有此一極爲簡單的空才能涵蓋，闡解清楚。

依空而立的有，呈現出如此多采的風貌，但空卻如此簡單，那也只有證入空的心才能體悟了。

面對世事以及一切現象的紛亂與複雜，只有證得空慧的心，才能如如不動，簡單而清淡地化解，超然自在。

默然是空慧最美的姿勢。

一九九九年十二月二十九日・山城般若岩

第七輯

茶禪四味

茶之藝

中國茶藝，自古至今，不斷演變，卻總繞著一個主旨：泡出茶的最佳味道！

茶的最佳味道就是茶的原味。

不同品類的茶有不同的製法，雖然加工，卻仍然保持了茶的原味；但因已加工了，故需以泡茶的技藝，將此中含蘊的原味，發揮出來。

吃茶人就是品的此個中眞味。

要品得此個中原味，吃茶人就得在茶藝中下眞工夫，俾對各種茶品及茶的個性有所了解，並眞正去喜愛，同時通過泡茶的巧藝，泡出佳味，自品及供他品。

源遠流長的茶文化，內容豐富深邃，吃茶人得對此研究、體會，才足以談茶藝。

泡茶的技巧，需要在此文化的豐富內容中立足，所品的茶味才不會「走味」、「失眞」。

中國人吃茶是在此豐厚文化的傳承中，各種泡茶的方法也都有其根據，但因普及故，漸漸地許多內容忘失了，雖然方法仍在、茶味依然，卻少了那一份文化的親切。

因此需要通過弘揚、提倡，使茶藝的內容比較有系統而完整地

傳承，讓喜歡吃茶的人都能品到茶的原味。

但依此主旨展開的茶藝，其泡茶法卻可以自由地發揮，只是必須建立在完整的茶文化觀念上，而其技術也應在基本泡茶法的基礎上發揮，不是無意義地亂泡。

通過茶文化的熏習，基本泡茶法的掌握，對各種茶品個性的理解，在熟能生巧的技藝中，將茶的眞味、原味、佳味呈現出來。

愛好茶藝的吃茶人，讓茶最佳的味道美化人生，增添生活藝術的內涵吧！

一九九九年十二月三十日

茶之境

有吃茶人吃茶吃出了四種勁（境）：

綠茶的龍井、碧螺春等的茶勁達到腦部，有醒腦養神之功能。

清茶如鐵觀音、凍頂等的茶韻在喉鼻腔之間徘徊，而清茶的色澤、條索及茶湯美觀，故色、香、味具足，有養眼、香鼻及潤喉之韻味。

武夷岩茶則有一股暖氣暖到心窩去，心怡神曠，很能開拓心胸。

普洱茶能隨著茶湯，直透胃部，除膩飽胃，解決民生問題，回到現實，又意味無窮。

綠茶發揮了茶的原始功能，豐富的營養與茶單寧，使精神充沛，因為綠茶在各種品類茶中，保持了最多茶的原貌，也就保留了此自然的效益。

感官上最享受的是清茶，品一杯清茶，用足了眼、鼻、舌三根，細細觀賞、細細品味，人生一大樂趣也。

岩茶是中國茶文化中的中心，中國文化談心，品岩茶時也必須細心地品，從濃濃的茶味中品出了生命的苦和甘，道出了中國人苦盡甘來的生命歷練。因而不畏艱苦，單純地守著一份人性（茶性）的信念，等待甘甜的成果。

普洱茶是中國茶中的哲學境界，一切的精神、感官享受，乃至生命的經驗，皆離不開現實生活的安頓，在溫飽後歷經了種種文化之旅，又落實到現實的境界裡。此時已不單是民生問題解決，肚子溫飽了，還加上那攀上生命高峰又回歸大地的踏實，即老莊與禪悟的境界。

茶在中國文化中，上下縱橫，涵蓋各個層次。吃茶人吃茶時，不妨任由思想馳騁，細細地品出茶的種種意境，使茶豐富也提昇人生的境界。

一九九九年十二月三十日

壺之道

一把壺要不斷地沖洗，經常擦拭，時不時洗刷，才能將壺的潤澤養出來。

沖泡好茶葉於壺中，使壺身內壁，透過微細孔，吸收茶的精華。

擦拭壺身，需以較細好的純棉製茶巾。茶巾的應用，可以是乾的，也可以是濕的；濕的茶巾可以用茶湯或開水濕之，也可以分熱水和冷水。擦拭時，可以在剛沖泡後壺身尚熱時，也可以隨時擦拭，總之是經常擦拭。因此泡茶後，奉了茶，未喝或已喝，待下泡茶的時候，手可不閒著，輕擦、重擦，乾擦、濕擦，熱擦、冷擦，務必將壺的外壁多方擦拭，使茶湯能均勻分布於外壁。若壺身尚熱，以冷濕茶擦拭，可使內壁正在吸收的茶湯流向外壁；熱擦、濕擦、重擦，亦可使外壁的茶湯向內流向。內外對流而能貫通，潤澤由內而外，內斂而自不耀目，自有不同的光采。

適當時，要以牙刷牙膏刷洗壺身，因一些茶湯的油漬若貼於壺壁，會隔絕新茶湯的吸收，必得洗去舊的，才能吸收新的。

養壺就是修道，修道正如養壺。不斷地吸收智慧精華，時時勤擦拭，還要在適當的時候洗刷革新，才能內外貫通一致，心性的光采潤澤雖顯發，卻是內斂而含蓄、謙卑的。

養壺人不只要把壺養潤，還要把心修好。

不斷地吸收覺者、聖賢的智慧精華，使心性在不斷地熏習中轉化、淨化；外在的行爲也經常地修正、改善，發覺到有僵化現象時，要勇於洗革一番，以新的姿勢再勤加修行。

當一把壺養出潤澤時，心也修出了清淨。

生命的境界，應可像養壺一般，修養而昇華。

一九九九年十二月三十日

茶之禪

一僧來訪，趙州禪師問：「曾來否？」僧曰：「曾。」趙州說：「吃茶去。」

又一僧來訪，趙州又問：「曾來否？」僧曰：「未曾。」趙州說：「吃茶去。」

院主奇怪，問：「爲何曾來與未曾來者，皆請吃茶去？」趙州呼：「院主！」院主：「諾！」趙州曰：「吃茶去！」

這是一段禪宗著名的公案，趙州禪師的平等待客之道備受稱讚。

另一段故事則說鄭板橋遊山寺時，因受知客僧三種招待而寫了一對聯：「茶、泡茶、泡好茶；坐、請坐、請上坐。」人們譏笑知客僧的勢利及不平等待客之道。

殊不知平等待客的趙州亦有三等待客之法：在禪床上接見王爺，在客堂招待將軍，在門口迎接來通報的軍士。趙州如此反行其道的三等待客法也表現了禪師平等待客之道。這是建立在平等性上的差別相，以恰到好處的方式待客，就能達到平等待客之道。

因此，知客僧若以平等心招待鄭板橋，雖事相有別，卻仍然不失其平等之道。

吃茶人都知道，來客是何等層次的吃茶水準，便以適應彼等級之茶招待。否則對不懂茶藝者奉上品好茶，是暴殄天物；對茶藝功力深厚者奉中下品之茶，是待慢客人。

吃茶人若深得茶禪三昧的平等心，便懂得如何以最佳方式待客。即使初次見面，在交談乃至雙方靜默中，亦能感應對方茶藝之造詣，於是奉上恰到好處的茶，主賓皆歡悅，茶的禪味瀰漫茶室。

吃茶人要得此茶禪一味之境，得通過茶藝、茶境與壺道前三味之修心工夫，終而融成茶禪一味，自品復供他品，皆大歡喜。

一九九九年十二月三十日

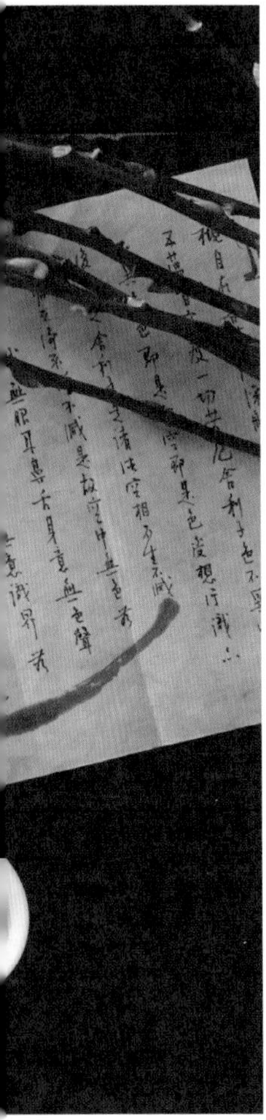

般若波羅蜜多心經

國家圖書館出版品預行編目資料

爾然小品／釋繼程著；鄧博仁攝影. -- 初版.
-- 臺北市：法鼓文化，民99.04
面；　公分.

ISBN 978-957-598-517-2（平裝）

224. 517　　99003285

琉璃文學 15

爾然小品

著　　者／釋繼程
攝　　影／鄧博仁
出 版 者／法鼓文化事業股份有限公司
編輯總監／釋果賢
主　　編／陳重光
責任編輯／李金瑛
美術設計／黃馨玉
地　　址／台北市北投區公館路186號5樓
電　　話／(02)2893-4646　傳真／(02)2896-0731
網　　址／http://www.ddc.com.tw
E-mail／market@ddc.com.tw
讀者服務專線／(02)2896-1600
初版一刷／2010年5月
建議售價／新台幣320元
郵撥帳號／50013371
戶　　名／財團法人法鼓山文教基金會—法鼓文化
北美經銷處／紐約東初禪寺
Chan Meditation Center (New York, U.S.A.)
Tel／(718)592-6593　Fax／(718)592-0717

法鼓文化